Paola Mastrocola
Ich wär so gern ein Pin

PIPER

Zu diesem Buch

Wäre ein Pinguin vielleicht die bessere Ente? Nachdem ihr Mann, der Wolf, sie mit dem Vorschlag überrascht hat, für sie das Brüten zu übernehmen, sieht die Ente ihre Chance gekommen. Er, der Philosoph, möchte endlich mal etwas Handfestes machen, etwas weniger Abstraktes, also brüten. Eine einmalige Gelegenheit für seine Frau, die ja nur eine Ente ist. Die werdende Mutter beschließt, in die Welt hinauszuziehen und ihren Horizont zu erweitern. Jemand anderes zu werden. Für die Ente wie für uns beginnt eine Reise voller Entdeckungen mit unbekanntem Ziel: Wer bin ich, und bin ich eigentlich wer? Was bin ich für die anderen, und was ist meine Aufgabe im Leben? Und bin ich es eigentlich wert, geliebt zu werden?

Paola Mastrocola wurde 1956 in Turin geboren, wo die Literaturwissenschaftlerin und leidenschaftliche Lehrerin noch heute lebt. Sie veröffentlichte Theaterstücke, Gedichtbände sowie mehrere Essays über italienische Literatur. Ihre Romane machten sie in Italien zur Bestsellerautorin und wurden mit bedeutenden Literaturpreisen wie dem Premio Italo Calvino und dem Premio Campiello ausgezeichnet.

Paola Mastrocola

Ich wär so gern ein Pinguin

Die Geschichte einer Ente, die lernte, sich selbst zu lieben

Aus dem Italienischen von
Christiane Burkhardt

Piper München Zürich

Mehr über unsere Autoren und Bücher:
www.piper.de

Von Paola Mastrocola liegen bei Piper vor:
Ich dachte, ich wär ein Panther
Ich wär so gern ein Pinguin

Mix
Produktgruppe aus vorbildlich bewirtschafteten
Wäldern und anderen kontrollierten Herkünften
www.fsc.org Zert.-Nr. GFA-COC-001223
© 1996 Forest Stewardship Council

Ungekürzte Taschenbuchausgabe
Mai 2011
© 2008 Ugo Guanda Editore S.p.A., Parma
Titel der italienischen Originalausgabe:
»E se covano i lupi«
© der deutschsprachigen Ausgabe:
2010 Piper Verlag GmbH, München,
erschienen im Verlagsprogramm Pendo
Umschlaggestaltung: semper smile, München,
nach einem Entwurf von Andrea Glanegger, München
Umschlagmotiv: Franco Matticchio
Autorenfoto: Armando Rotoletti / Grazia Neri / Agentur Focus
Satz: Uhl + Massopust, Aalen
Papier: Munken Print von Arctic Paper Munkedals AB, Schweden
Druck und Bindung: CPI – Clausen & Bosse, Leck
Printed in Germany   ISBN 978-3-492-27197-4

Ich widme dieses Buch sämtlichen Wölfen.
Und allen, die genügend Geduld haben zu warten,
bis etwas geboren wird.

ERSTES KAPITEL,

in dem die Ente Eier legt und der Wolf zu brüten beginnt

Luftaufnahme

Sie kehrten gerade vom üblichen abendlichen Aufklärungsrundflug zurück, als der alte Jim, ein Flugzeugpilot, zum alten John, dem Copiloten, sagte: »Siehst du, was ich sehe?«

»Nein«, entgegnete John.

»Aber wie kannst du das übersehen?«

»Weil ich nicht weiß, was du siehst. Woher soll ich da wissen, ob das, was ich sehe, dasselbe ist, was du siehst?«

»Und was siehst du?«

»Und du?«

Kurz und gut, sie wagten nicht auszusprechen, was beide klar und deutlich vor sich sahen, da sie ihren Augen nicht trauten.

Am nächsten Abend wurden sie erneut Zeuge dieses unglaublichen Vorgangs, und Jim fragte John erneut: »Siehst du, was ich sehe?«

»Nein«, sagte John erneut.

»Das kannst du unmöglich übersehen, John, schau doch nur hin!«

»Was denn?«

»Dieser kleine schwarze Punkt da.«

»Was ist das?«

»Keine Ahnung, aber er hat Ohren.«

Am nächsten Abend beschlossen sie, tiefer zu fliegen,

um besser sehen zu können. Unter ihnen erstreckte sich der Wald, dahinter das Meer. Zwischen Meer und Wald befanden sich die Dünen, kleine Sandhügel mit Meerblick. Mitten im Wald gab es eine flache, kreisrunde Lichtung, so als wären die Bäume gewichen, um einer zarten hellgrünen Wiese Platz zu machen.

Genau in der Mitte dieses grünen Flecks, der aus Gras bestand und somit Grasland genannt wurde, befand sich der kleine schwarze Punkt mit den Ohren. Im Tiefflug erkannten sie, dass es sich um einen Wolf handelte.

Um einen sitzenden Wolf. Er saß kerzengerade im Schneidersitz da.

Was hatte ein Wolf im Schneidersitz mitten im Grasland zu suchen? John und Jim konnten sich keinen Reim darauf machen, so sehr sie sich auch bemühten. Und da es Zeit zum Abendessen war, kehrten sie nach Hause zurück.

Am nächsten Tag bot sich ihnen das gleiche Bild: ein Wolf, der mitten im Grasland saß. Reglos ragten er und seine langen Ohren gen Himmel.

»Was glaubst du, was der macht?«, fragte Jim.

»Und du?«, erwiderte John.

Es war Zeit zum Abendessen, deshalb drehten sie ab und kehrten wie üblich um.

Am nächsten Abend fanden sie dasselbe Grasland mit demselben Wolf vor. Der reglos in dessen Mitte saß.

Aber weil wieder Zeit zum Abendessen war – und die kommt schließlich alle Tage, ja, man könnte sogar sagen, sie tut nichts anderes –, hörten die beiden auf, sich weitere Fragen zu stellen, und kehrten nach Hause zurück, wo bereits das Abendessen auf sie wartete.

Stabat lupus mit seinem Freund, dem Igel

Langsam und unmerklich verging die Zeit, aber sie verging trotzdem. Auf die Nacht folgte der Tag und auf den Tag die Nacht.

Wolken zogen vorüber. Sie standen hoch am Himmel, der mal klar, mal bedeckt war. Sie zogen vorüber wie der Wind, wie die Flugzeuge, wie die Kindheit.

Doch der Wolf verharrte reglos: Er war der Einzige, der nicht vorüberzog. Er blieb. *Superior stabat lupus…* wie es in einer alten Fabel heißt.

Mitten im Wald, an jenem Fleck, wo keine Bäume mehr wuchsen, sondern nur noch grünes Gras, und der Grasland genannt wurde.

Er zuckte nicht mit der Wimper. Er widmete sich beharrlich seiner Aufgabe, ohne jede Unterbrechung und ohne jeden Zweifel, ohne innerlich oder äußerlich ins Wanken zu geraten: Er blieb, wo er war, aufrecht und fest entschlossen. Während die Tage und Wolken vorübergezogen waren, hatte er eine Art zenmeditative Haltung eingenommen. Er saß im Schneidersitz da und hatte die Handrücken auf die Knie gelegt, wobei Daumen und Zeigefinger jeweils einen perfekten Kreis bildeten. Sein Blick war ins Leere gerichtet, aber so konzentriert, als fixiere er einen unsichtbaren, aber zentralen Punkt. Zentral in Bezug auf was? Das wusste niemand.

Er brütete.

Seit ein paar Tagen saß der Wolf über den Eiern und brütete.

Hätten John und Jim nicht jeden Abend zum Essen nach Hause gemusst, das dort bereits auf sie wartete, ja, wären sie gelandet und hätten sich die Zeit genommen, eine Antwort auf ihre Fragen zu finden, hätten sie sie auch gefunden. Denn dann hätten sie gesehen, was dieser kleine schwarze Punkt mit Ohren war: ein Wolf, der brütet, natürlich, was sonst?

Aber wenn sie die Antwort auf ihre Fragen gefunden hätten, hätten sie ihr Abendessen verpasst.

Und so sah der Wolf jeden Abend zur gleichen Zeit das Flugzeug und dachte sich: Schon wieder dieses dämliche Flugzeug, das über mich hinwegfliegt. Das ist ja nicht auszuhalten! Was wollen die nur?

Wenn er gekonnt hätte, wäre er aufgestanden, hätte ihm zugewinkt, wäre ihm nachgelaufen. Aber das ging nicht: Wer brütet, kann es sich nicht erlauben, loszulaufen, herumzuzappeln und wild mit den Armen zu fuchteln.

Wer brütet, der brütet.

Beim Brüten hatte der Wolf einen Freund gewonnen, einen alten Igel mit grau melierten Stacheln. Da dieser bereits in Rente war, ging er den ganzen Tag im Wald spazieren und sang dabei häufig das berühmte Lied:

Ich zieh so allein in den Wald hinein!
O sieh zwei Falter fliegen.
Sie tummeln sich durch die Luft,
und wenn sie ruh'n, so wiegen
sie sich in der Blumen Duft,
und ich bin so allein, voll Pein!

(Robert Schumann, Text Karl Wolfgang Müller von Königswinter)

Doch als er den Wolf entdeckte und merkte, dass er bei seinem Waldspaziergang gar nicht so allein war wie gedacht, staunte er nicht schlecht.

»Entschuldigen Sie, aber sind Sie ein Wolf?«, fragte er zitternd.

»Ja.«

»Und was machen Sie hier, wenn ich fragen darf?«

»Das sehen Sie doch.«

»Ich sehe nur, dass Sie brüten. Entschuldigen Sie, wenn ich das sage, aber Sie als Wolf...«

»Ich als Wolf – und weiter?«

»...dürften eigentlich gar nicht brüten.«

»Warum?«

»Weil Wölfe nicht brüten.«

»Und wer sagt das?«

Der Igel dachte lange nach. Aber er war nicht gerade ein großer Denker. Er hatte als Luftballonverkäufer gearbeitet. Sein Vater, ein harter, unnachgiebiger Mann, hatte ihn streng erzogen und ihm jahrelang vorgebetet: »Such dir immer das Schwierigste aus, mein Junge!« Als dann schließlich der Zeitpunkt gekommen war, die eigene Zukunft in die Hand zu nehmen, hatte er beschlossen, Luftballonverkäufer zu werden. Das ist für einen Igel sicherlich der denkbar schwierigste Beruf überhaupt: Seine vielen Stacheln sind wie dafür gemacht, Luftballons zum Platzen zu bringen.

Jetzt, da er alt war, galt seine Leidenschaft dem Kino. Fast jeden Abend sah er sich einen Film an. Er liebte das Kino, einschließlich der Lehnsessel, der Popcornverkäufer und der »Demnächst«. Die »Demnächst in Ihrem Kino« gefielen ihm am besten, er verpasste kein einziges und kam extra eine Viertelstunde vorher, um sich die Ausschnitte aus zukünftigen Filmen anzusehen – Handlungsfetzen und Bilder von etwas, das es einmal geben wird, aber noch nicht gibt.

Er war übrigens Junggeselle. Als er noch jung war, hatte ihm seine Mutter geraten, weniger zu arbeiten: »Pass bloß auf!«, hatte sie gesagt. »Wenn du zu viel arbeitest, will dich keine Igelin. ›Soll er doch einen seiner Luftballons heiraten!‹, werden sie sagen. Aber jetzt mal im Ernst, mein Sohn: Wenn du so weitermachst, findest du keine Igelin!« Und tatsächlich … Wie oft Mütter doch recht haben! Wenn ihre Söhne nur etwas mehr auf sie hören würden! Aber jetzt war es zu spät, und der Igel konnte seinem Leben keine andere Wendung mehr geben.

Wie dem auch sei, er dachte lange nach, konnte sich aber nicht daran erinnern, dass Wölfe brüten: Das war in keinem einzigen Film vorgekommen und somit unrealistisch. Er dachte dermaßen lange nach, dass drei oder vier Tage vergingen. Dann kehrte er zum Wolf zurück und sagte: »Sie wollen mir also weismachen, dass das wirkliche Leben etwas ganz anderes ist als im Film?«

»Ganz genau«, entgegnete der Wolf, der nicht verstand, warum plötzlich vom Film die Rede war. Ja, er hatte die ursprüngliche Unterhaltung ganz vergessen, wollte demjenigen, der sich scheinbar gerade mit ihm anfreunden wollte, aber auf keinen Fall widersprechen. Denn wenn man neu gewonnenen Freunden sofort widerspricht, riskiert man, sie wieder zu verlieren.

Am nächsten Tag kehrte der Igel mit einer Bank zurück. Er war ganz außer Atem, da er alt war und die Bank schwer. Sie war eine von der altmodischen Sorte mit grün lackierten Brettern.

Er stellte sie vor dem Wolf auf, machte es sich darauf bequem und sah ihm eine Weile zu. Der Wolf hantierte mit den Eiern und schien ziemlich in Schwierigkeiten zu stecken. Er hatte sie in einen hübschen Weidenkorb gelegt, damit sie nicht verloren gingen, und zwar ganz dicht nebeneinander. Die ganze Zeit über sortierte er sie um. Dann versuchte er, sich daraufzusetzen, stützte sich dabei aber mit den Armen am Rand des Korbes ab, der dadurch kaputtzugehen drohte.

Wenn man sich auf Eier setzen will, darf man sie dabei nämlich nicht zerdrücken.

»Entschuldigen Sie«, schaltete sich der Igel ein. »Wenn Sie so weitermachen, haben wir hier bald ein schönes Omelett! Sie sind ein Wolf, Herr Wolf, und Wölfe sind schwer…«

Der Wolf brummte etwas mit finsterer Miene, so als wollte er sagen, er sei schließlich nicht blöd. Aber er könne nun mal nichts dafür, ein Wolf zu sein.

»Ich hätte da eine Idee, wenn Sie erlauben …«, fuhr der Igel fort.

Er verschwand eine Zeit lang und ließ den Wolf, die Eier und die Bank verwaist zurück, um dann mit einem merkwürdigen Gerät zurückzukehren: seiner alten Luftpumpe. Er hatte sie schon eine ganze Weile nicht mehr verwendet, und das halb verrostete Ding funktionierte kaum noch. Er brauchte Stunden, um ein halbes Dutzend Ballons aufzupumpen. Dann band er einen am anderen fest, sodass eine Art Schmalzkringel entstand, den er um die Eier legte. Er sagte: »Bitte nehmen Sie Platz, Herr Wolf, ich glaube, jetzt können Sie beruhigt brüten.«

Der Wolf gab ein weiteres Brummen von sich, ließ es aber auf einen Versuch ankommen: Er setzte sich auf die Ballons und spürte, wie er schwebte. Ein ganzes Stück über dem Erdboden. Er saß bequem, aber was noch viel wichtiger war, er zerdrückte die Eier nicht. Er berührte sie nur ganz leicht, gab ihnen aber die Wärme, die sie brauchten. Das Brummen wich einem Lächeln, er bedankte sich beim Igel, und die beiden wurden Freunde. Denn nichts befördert eine Freundschaft mehr, als wenn es einem von beiden Freude macht, dem anderen zu helfen. Dem anderen wiederum macht es Freude, wenn ihm jemand hilft.

Und so kam es, dass sie sich gegenseitig vorstellten und sich die Pfote gaben: »Sehr erfreut, ich heiße Wolf«, sagte der Wolf.

»Sehr erfreut, ich heiße Richmond«, sagte der Igel.

Richmond gewöhnte es sich an, jeden Tag herzukommen, genau zu dem Fleck, an dem der Wolf saß. Er stellte die Bank am üblichen Ort auf und achtete darauf, genau die vier kleinen Vertiefungen zu treffen, die die im weichen Gras versinkenden Bankbeine am Vortag hinterlassen hatten. Der Igel nahm es nämlich gern genau. Anschließend nahm er Platz und begann zu plaudern.

Die Bank lag ihm sehr am Herzen. Er hatte erst unlängst einen Film gesehen, in dem ein Schauspieler monatelang auf einer Bank saß. Er rührte sich keinen Millimeter, dafür kam die Welt zu ihm: Freunde, Kollegen, Freundinnen, Verwandte ... War das nicht wunderbar? Man brauchte nur eine Bank zu haben, und schon wurde man zum Fixstern, um den alle anderen Planeten kreisen. Wenn man dann noch berühmt wurde wie der Filmschauspieler, konnte man sogar einen Oscar gewinnen. Den Oscar für den besten Igel, beispielsweise.

Trotzdem blieb es rätselhaft, warum er jedes Mal die Bank mitschleppte. Er hätte sie doch einfach im Gras stehen lassen können. Aber die Leute tun oft die unerklärlichsten Dinge, und man sollte sie nicht davon abhalten. Es wäre dumm, anzunehmen, dass es für alles eine Erklärung gibt.

So kam es, dass es nicht mehr nur hieß »*Stabat*

lupus«, sondern »*Stabant lupus et riccius*«. Was keinen großen Eindruck auf John und Jim machte. Wenn sie jetzt Abend für Abend über die Gegend hinwegflogen, sahen sie zwei kleine Punkte inmitten des Graslands, besser gesagt einen kleinen Punkt, den man als Wolf, und einen kleinen Punkt, den man als etwas Stacheliges, das auf einer Bank saß, identifizieren konnte. Sie beobachteten das Ganze aus der Luft, kehrten aber wie üblich um, sobald es Zeit zum Abendessen wurde.

Erst nach einer Woche stellte Richmond dem Wolf eine Frage, die sich der Leser schon von Anfang an gestellt hat, ja, auf die er schon gern in der ersten Zeile dieser Geschichte eine Antwort gehabt hätte: »Entschuldigen Sie die Frage, Herr Wolf, aber warum brüten Sie?«

Der Wolf zog seine Augen zu schmalen waagerechten Schlitzen zusammen, durch die er einen besseren Blick auf die Unendlichkeit hatte. Dann sagte er wie selbstverständlich: »Um näher an der Wirklichkeit zu sein, Herr Richmond, weniger abstrakt…«

Ich bin, also brüte ich

Der Wolf, der Schriftsteller war und außerdem in Philosophie promoviert hatte, führte in der Tat ein leicht wirklichkeitsfernes Leben: Er dachte, las und schrieb. Deshalb lief er gegen Laternenmasten, ließ die Nudeln verkochen und trat in Hundehaufen. Aber er arbeitete auch als Lehrer, und diese Lehrtätigkeit brachte ihn etwas mehr in Kontakt mit der Wirklichkeit. Aber so sehr auch wieder nicht, da er »Philosophie des Fischfangs« unterrichtete, ein zugegebenermaßen eher verschwommenes Fach. Dafür erlaubte es ihm, sich in Gedanken, Betrachtungen und Theorien über Meeresströmungen, Angelhaken und jene metaphysische Beziehung zu ergehen, die ihm zufolge zwischen dem, der angelt, und dem, der geangelt wird, entsteht.

Aus diesem Grund kannte er nur das Meer, den Wald, die Schule und die Bibliothek.

Das einzige Mal, das er wirklich in die Wirklichkeit eintauchte, war bei seinem Spaziergang unter den Arkaden. Dann begrüßte er die blonde Zeitungsverkäuferin, las drei Zeitungen und nippte in der Bar ungestört an seinem Kaffee. Ehrlich gesagt, las er die Zeitungen gar nicht richtig, sondern blätterte sie nur durch. Denn hätte er die Nachrichten gelesen, hätten sie ihn nur beim Denken gestört. Dafür gefiel ihm das Rascheln der Seiten umso mehr sowie die Geste des Umblätterns.

Dann war es zu dem außergewöhnlichen und unerwarteten Vorfall gekommen, dass er eine Ente geheiratet hatte, gefolgt von den Flitterwochen in einem Boot auf dem Meer. Anschließend hatte er sein gewohnt wirklichkeitsfernes Leben wieder aufgenommen, bestehend aus Zeitungen, Kaffee, Bibliothek, Nachdenken, Angelrute, Schule, Würmern, Bänderbrassen, Thoninen, Fichte, Seebarschen, Zackenbarschen, Schelling und Makrelen. Vor allem hatten es ihm die Zackenbarsche angetan, eine ganz besondere Delikatesse. Am besten sind sie, wenn man sie einfach in der Pfanne anbrät, mit Knoblauch und Petersilie abschmeckt und fertig.

Bis zu jenem Tag, an dem die Ente drei wunderschöne Eier legte und sofort anfing, sie zu bebrüten.

Sie brütete und brütete und hörte gar nicht mehr damit auf. Sie schien ihr Leben lang nichts anderes gemacht zu haben. Ganz einfach so. Und nichts war mehr wie vorher. Erst ist man vollkommen normal, kommt und geht, arbeitet, gießt Nudeln ab, fährt Zug, kauft Thunfisch im Supermarkt, zieht die Bettdecke glatt, macht Bodybuilding. Mit anderen Worten: Man macht lauter normale Sachen. Und dann … ist auf einmal Brüten angesagt und sonst gar nichts mehr. Alles andere ist wie ausgelöscht, der Rest der Welt hat aufgehört zu existieren. Man bleibt, wo man ist, und tut nur noch das eine: ein paar Eier ausbrüten.

Drei, um genau zu sein.

Der Wolf kam nach Hause und sah, dass seine Frau auf dem Boden kauerte. Dabei wirkte sie so heiter und gelassen, wie man es nur ist, wenn man etwas ganz Selbstverständliches tut. So als wollte sie sagen: Ich bin eine Ente und brüte, na und?

Oder besser gesagt: Ich bin, also brüte ich.

Genau in diesem Moment, als er seine Ente brüten sah, beschloss der Wolf, dass er nicht mehr so abstrakt leben wollte. Sondern konkret.

Wie oft hatte er es gehört: Du musst mehr in der Realität leben! Hör auf zu grübeln und ein Blatt nach dem anderen mit deinen Gedanken zu füllen! Das ist lauter unwirkliches, abstraktes Zeug, lieber Wolf, und damit kommt man nicht weit!

Vor allem eine Kollegin, eine Dozentin für Ethik (genauer gesagt, Dozentin für Psycho-sozio-päda-fan-tasma-gotik-Ethik), lag ihm schon seit Jahren damit in den Ohren, dass es nichts Wichtigeres gebe, als Er-fahrungen zu machen. Nur wer Erfahrungen mache, könne den Sinn des Lebens verstehen.

Deshalb wollte der Wolf jetzt leben statt schreiben. Als er eines Abends müde und mit Büchern bepackt nach Hause kam und sich überlegt hatte, dass das mit den Eiern doch eine wunderbare Erfahrung sein könne, sagte er zur Ente: »Was, wenn ich die Eier aus-brüte?«

Die Ente sah ihn an. Sie musterte ihn von oben bis unten, bis ins Detail. Doch, doch, er war immer noch der Alte. Ihr Wolf. Der Mann, den sie geheiratet hatte. Und auch der Abend war so wie jeder andere. Der Himmel war blau wie immer, und sie saßen wie immer vor dem Kamin. Das ganze Universum schien sich kein bisschen verändert zu haben, es hatte keine einzige kosmische Umwälzung stattgefunden. Was war nur mit ihm los?

Der Wolf erläuterte ihr seine Bitte, sagte, dass er nicht nur brüten, sondern dies auch in völliger Ein-samkeit tun wolle. Um die Aufgabe allein zu schultern, die Verantwortung zu übernehmen, für sein Handeln geradezustehen, sprich, um alles zu lernen, was man braucht, um ein wirkliches, konkretes Leben zu leben.

Mit anderen Worten, er bat sie, doch bitte das Weite zu suchen, zu verschwinden.

Die Ente fühlte sich wie vor den Kopf gestoßen. Sie erhob sich langsam von ihren Eiern, ging zwei kleine Schritte zur Seite und sagte, weil ihr nichts Besseres einfiel: »Und ich?«

Eine winzig kleine Frage, kürzer als ein Flügelschlag: Und ich?

»Na, du könntest fliegen, verdammt noch mal!«, platzte es aus dem Wolf heraus.

»Du bist eine Ente! Dann wärst du ungebunden und müsstest nicht mehr wie eine Blöde an deinen paar Eiern kleben.«

»Es sind drei Eier«, verbesserte ihn die Ente leise.

Sie senkte den Kopf und sah zu Boden. Sie empfand das Brüten als kein bisschen blöd. Obwohl Enten bekanntlich nicht gern brüten: Diese Aufgabe überlassen sie lieber anderen, einem bereitwilligen Huhn zum Beispiel. Sie meditierte. Wenn sie so nach unten auf ihre Schwimmfüße schaute, war das nie ein gutes Zeichen: Denn das bedeutete, dass sie aus irgendeinem Grund nicht mehr weiterwusste. Das erkannte auch der Wolf sofort, genauso wie er erkannte, dass jetzt der Moment gekommen war, ihr einen ihrer rosa Cocktails anzubieten, mit ganz viel Eis und einer grünen Maraschinokirsche.

Ob es nun an dem Cocktail oder an dem Grün der Kirsche lag, lässt sich nicht sagen. Die Ente hatte sich auf jeden Fall wieder gefasst und folgende Eingebung: Aber natürlich, warum eigentlich nicht? Wenn der Wolf brütet, könnte ich einfach nichts tun. Ich müsste nur warten und damit basta! *Dolce far niente* – süßes Nichtstun erwartet mich, dachte sie. Ich könnte ein bisschen rumflattern, ein bisschen schlafen, meinen Horizont erweitern, den einen oder anderen Strandspaziergang machen… Denn was ist das Brüten schon anderes, als zu warten, bis die Küken schlüpfen? Und warten kann man auf vielerlei Weise – auch indem man nicht brütet.

Hochzufrieden über diese letzte, logische Schlussfolgerung, bat sie den Wolf um einen dritten Cocktail und sagte ihm, mittlerweile vollständig betrunken: »Einverstanden, lieber Wolf. Das lässt sich einrichten.«

Freiwurf

Und so brachte der Wolf die Ente an jenem fast schon sommerlichen Frühlingsmorgen bis zum höchsten Punkt ihrer Sanddüne. Von dort aus konnte man sehen, wie sich das Meer bis ins Unendliche erstreckte.

Am Himmel kreischten nur ein paar Möwen, und die ein oder andere Wolke zog vorüber. Der Wolf hob seine süße kleine Ente hoch, strich ihr lange über das flaumige Köpfchen und sagte:

»Mach dir keine Sorgen, ich kümmere mich um unsere Eier. Ich bebrüte sie so, wie du es auch tun würdest.«

»Ich bin mir sicher, dass du ein perfekter Brüter sein

wirst, Wolf!« Dann schaute sie auf ihre Schwimmfüße und setzte nach: »Nur eines noch … woher weiß ich, wann die Küken schlüpfen? Ich möchte dabei sein…«

»Aber natürlich wirst du dabei sein, das wäre ja noch schöner! Du bist schließlich die Mama …« Mit diesen Worten holte der Wolf ein Geschenk hervor, eine in Goldfolie verpackte Schachtel mit einer dicken rosa Seidenschleife: »Das ist für dich.«

Die Ente packte es aus und fand darin eine Armbanduhr.

»Das ist keine Uhr«, sagte der Wolf. »Das ist ein Kükenschlüpftimer: Er wird dir ankündigen, wann die Küken kurz davor stehen zu schlüpfen.«

»Und wann werden unsere Küken schlüpfen?«

Der Wolf hatte keine Ahnung, wie lange es dauert, bis Entenküken schlüpfen. Er hatte eigentlich erwartet, dass sie das wüsste, sie war schließlich eine Ente. Aber er ließ sich nichts anmerken, sondern studierte sorgfältig das Zifferblatt des Timers und sah, dass es in achtundzwanzig Abschnitte unterteilt war.

»In achtundzwanzig Tagen, glaube ich …«, sagte er leicht verunsichert, aber nur ganz leicht. Und fügte hinzu: »Er wird dir einen Tag vorher Bescheid geben, genau vierundzwanzig Stunden bevor die Küken schlüpfen, damit du rechtzeitig hier sein kannst…«

»Aber wie macht er das?«

»Er ist *wireless* mit den Eiern verbunden. Ich glaube, er spürt, wenn die Schale einen Sprung bekommt…«

Der Ente kamen beinahe die Tränen, so gerührt war sie. Der Wolf nahm den Timer und befestigte ihn an ihrem Handgelenk, besser gesagt, an der Spitze ihres linken Flügels, wobei er nicht vergaß, das Armband gut festzuzurren.

»Wenn es so weit ist«, sagte er, »wirst du eine Art Alarmsignal hören. So ähnlich wie die Feuerwehrsirene.

Dann lässt du alles stehen und liegen und eilst zu mir. Besser gesagt, zu uns!«

Das versprach ihm die Ente. Danach hob der Wolf sie so hoch, dass sie beinahe den Himmel berührte: »Jetzt werfe ich dich in die Luft, und du wirst frei sein!«

Die aufgehende Morgensonne tauchte alles in ein rosarotes Licht, und das Meer glitzerte, als hätte jemand Milliarden Teelichte aufs Wasser gesetzt.

Im Nu war die Ente nur noch ein kleiner Punkt am Horizont.

Als Erstes bat der Wolf in der Schule um Weiterbildungsurlaub, er wolle »Erfahrungen sammeln«. Dann schloss er sich zu Hause ein, musterte die auf dem Teppich liegenden Eier und genehmigte sich einen Aperitif, allerdings ohne Kirsche. Er sah die Post durch, machte das Radio an, öffnete die Fenster, um die Sonne hereinzulassen, und kochte sich ein leckeres Lamm in Weißweinsauce zum Mittagessen.

Aber irgendetwas stimmte nicht. Er konnte unmöglich zu Hause brüten, für einen einsamen Wolf wie ihn kam nur der Wald infrage. Deshalb packte er seinen Seesack, nahm die Eier in den Arm und ging.

Nein. So mit den Eiern auf dem Arm fühlte er sich unsicher: Sie konnten jeden Moment hinunterfallen.

Er nahm einen hübschen Weidenkorb, legte vorsichtig die Eier hinein, verließ mit dem Korb am Arm das Haus und erreichte den Wald.

Nein. Im Wald war es dunkel und feucht, das war bestimmt nicht sehr gesund für die Eier.

Er lief weiter bis zu der Stelle, wo der Wald einem runden Grasfleck wich, der bekanntlich Grasland genannt wurde. Das war der perfekte Ort zum Brüten, den er Standort nannte.

Aller Anfang ist schwer. Er setzte sich in die Mitte des Grasflecks und versuchte zu brüten.

Er versuchte es im Knien, wobei die Eier auf seinen Waden lagen.

Er versuchte es auf dem Bauch liegend, wobei er seine Schnauze auf die Eier legte.

Er versuchte es mit dem Schwanz, einmal mit zusammengeringeltem und einmal mit gestrecktem Schwanz.

Er versuchte es im Stehen, wobei er den Korb auf dem Bauch balancierte.

Er versuchte auch, den Kopf als Nest zu gebrauchen, indem er im Fell zwischen den Ohren eine angenehm warme Vertiefung schuf, in die er die Eier legte.

Aber all das funktionierte nicht, und er war mit seinem Latein am Ende. Die Wahrheit, der er sich jetzt schon stellen musste, lautete: Er war keine Ente.

Er musste nachdenken. Als Philosoph war er der Auffassung, dass die Wirklichkeit häufig der Vorstellung folgt, anstatt ihr vorauszugehen. Deshalb genügte es, sich das Brüten vorzustellen, um eine Lösung dafür zu finden. Tatsächlich hörte er auf zu brüten, aktivierte seine Vorstellungskraft und fand eine Methode. Ja, er fand sogar zwei: eine für tagsüber und eine für nachts.

Tagsüber brütete er im Sitzen, ähnlich wie ein indischer Guru. Dabei drehte er sich um die eigene Achse, um dem Stand der Sonne zu folgen. So wurde seine Schnauze von den Sonnenstrahlen stets auf einer angenehmen Temperatur gehalten. Er drehte sich wie eine Sonnenblume. Er hatte sich sozusagen in einen Sonnenwolf verwandelt. Und er war wirklich hochzufrieden damit, da die Sonnenblumenerfahrung Teil jener Erfahrungen war, die er noch machen würde, um ein weniger wirklichkeitsfernes Leben zu führen.

Nachts dagegen, wenn die Hemmungen bekanntlich weniger werden und sich das Unbewusste nach Belieben ausbreitet, breitete auch er sich zusammen mit dem Unbewussten aus, und zwar auf der Wiese. Er nahm eine liegende Position ein. Er legte sich, lang wie er war, neben seine Eier, umarmte sie wie ein Kissen und breitete seine warmen Ohren darüber wie eine Bettdecke.

Nachts sah ihn schließlich keiner. Zumindest dachte er das.

Der Wolf im Schreibpelz

Der Wolf machte also Erfahrungen, genau wie er es sich vorgenommen hatte: Er brütete glücklich und allein mitten im Grasland.

Aber er beließ es nicht dabei. Er tat auch etwas Unaussprechliches, etwas, das er nie hätte tun dürfen: Er schrieb! Ja genau, der Wolf fuhr damit fort, zu schreiben. Nachdem er unbedingt hatte brüten wollen, um weniger wirklichkeitsfern zu sein – sprich, um weniger zu schreiben –, saß er nun da und brütete schreibend.

Als unverbesserlicher Wolf im Schreibpelz hatte er eine Mappe voller unbeschriebener Blätter und einen nagelneuen Kugelschreiber mit ins Grasland genommen. Nur um sich ein paar Gedanken zu notieren, die ihm so beim Brüten kamen, hatte sich der alte Lügner vorgenommen. In Wahrheit schaffte er es einfach nicht, nicht zu denken, und somit auch nicht, nicht zu schreiben.

Er hatte sich nichts Geringeres vorgenommen, als ein Buch zu schreiben, mit dem Titel *Das Warten*. Vielleicht auch mit dem Titel *Der Sinn des Wartens*. Oder noch besser *Die Kunst des Wartens*, so genau wusste er es noch nicht.

Der Untertitel lautete: *Die Geschichte eines Wolfs, der brütet*. Oder: *Der brütende Wolf*. Oder aber: *Brüter und Nichtbrüter*. Auch in Bezug auf den Untertitel war er sich noch nicht sicher.

Was er beim Brüten am häufigsten tat, war, in den Himmel zu schauen. Wer weiß, vielleicht würde er dort oben seine Ente entdecken, die genau über ihm ihre Runden drehte. Und so lautete der erste Satz, den er niederschrieb:

Warten bedeutet, in den Himmel zu schauen, um zu sehen,
ob man darin die Ente im Flug erhaschen kann.

Dann ersetzte er »erhaschen«, was ihm doch etwas zu umgangssprachlich vorkam, durch »ausfindig machen«, eine deutlich ausgefeiltere Wendung.

Das doch etwas zu geschwollene »ausfindig machen« ersetzte er wiederum durch »sehen«.

Zu platt. Er musste unbedingt vermeiden, dass die Kritiker sagten, er schreibe platt. Er, der Philosophieprofessor Wolf, platt?

Er strich den ganzen Satz und legte sich schlafen.

Erst mehrere Tage später schrieb er den Anfang des Buches. Wie man weiß, kann der Anfang am Anfang stehen, aber auch in der Mitte oder am Schluss.

Er wollte nicht nur ein Buch schreiben, das seine Gedanken enthielt, sondern auch eines mit dem ein oder anderen autobiografischen Bezug. Von einem, der die Erfahrung macht, zu brüten, erwarteten sich die Leute bestimmt, dass er etwas über sein Leben verriet.

Und wozu sammelt man überhaupt Erfahrungen, wenn nicht, um anschließend ein Buch darüber zu schreiben? Zu seinem großen Glück war gerade eine große Schriftstellerdebatte über den Sinn des Schreibens im Gange. Es hieß, nur wer Lebenserfahrung habe, könne ein gutes Buch schreiben und somit ein ES, ein »Echter Schriftsteller« werden.

Der Wolf befand sich also in einer ziemlich paradoxen Situation: Er hatte beschlossen, Erfahrungen zu

sammeln, um zu leben, anstatt zu schreiben. Doch ein
»Echter Schriftsteller« wurde er ausgerechnet dadurch,
dass er beschlossen hatte zu leben, anstatt zu schreiben.

Aber er kümmerte sich nicht groß darum: Das war
nichts weiter als der ganz normale Wahnsinn des Lebens, oder besser gesagt, der ganz normale Wahnsinn
der Kunst. Er nahm ein Blatt und begann, etwas von
sich zu erzählen.

Guten Tag, ich bin der Wolf.

Ich kam eines schönen Maimorgens als Kind von Ferdi-
nando degli Upi, Graf von Maremar, und Maria Cristina
d'Upa, einer gebildeten, vornehmen Wölfin von ebenfalls
adeliger Abstammung, zur Welt.

Das Schicksal wollte es, dass ich sofort zum Waisen wurde,
da meine Eltern während eines Gebirgsausflugs von einem
Erdrutsch mitgerissen wurden. Ich entkam ihm mit Mühe
und Not und wurde von zwei Adlern aufgezogen: Die
kamen gerade zufällig vorbei, sahen mich kleinen, hilflosen,
verwirrten Jungen und nahmen mich auf einen Rundflug mit,
einfach so, um mich auf andere Gedanken zu bringen. Dann
setzten sie mich wieder ab, allein, hilflos und verwirrt.

»Wir sind Adler, und du bist ein Wolf. Wir haben Flügel
und du nicht: Wir können dich schließlich nicht ewig herum-
tragen!«, sagten sie. Aber sie kamen jeden Abend wieder und
fütterten mich abwechselnd, als wäre ich ihr Küken. Eine
der beiden Adlerdamen war jung, und ich nannte sie Mama
Adler. Die andere war alt und dick, und ich nannte sie Oma
Adler.

Ansonsten sah ich nicht viel von ihnen: Sie flogen den ganzen Tag zwischen den steilen Felsen umher und griffen sich dann und wann ein kleines, unglückseliges Tier, das ich für sie zubereitete. Sie vergaßen, mir das Jagen beizubringen, und so wurde aus mir ein hervorragender Koch, aber ein erbärmlicher Jäger. Trotzdem ging alles gut.

Das Problem war nur, dass ich niemanden zum Spielen hatte und für mich allein blieb: Ich war ein einsamer Wolf. Die beiden Adler glaubten, die Berge deprimierten mich so, da meine Eltern ausgerechnet in den Bergen umgekommen waren. Deshalb beschlossen sie, mich in den Ferien ans Meer zu schicken, damit ich auf andere Gedanken käme. Am Anfang tat ich mich schwer: Während des Segelkurses starb ich vor Angst, als die Lehrer absichtlich kenterten, um uns beizubringen, wie man mit dieser Situation umgeht. Ich wollte nicht aufs Meer hinausfahren: Ich war ein Wolf, und Wölfe streifen durch den Wald, anstatt die Meere zu befahren. Gleichzeitig wollte ich meine beiden Adlerdamen nicht enttäuschen. Ich zappelte im Wasser wie ein Verzweifelter, aber am Ende klappte es: Ich wurde ein Seewolf.

Dann schickten sie mich zur Schule, denn sie wollten, dass ich etwas lerne, dass etwas aus mir wird. Auf keinen Fall sollte ich werden wie sie, die Adler, die ständig auf Suche nach Nahrung in den Bergen herumfliegen und sonst gar nichts.

»Man lebt nicht vom Brot allein«, sagten sie unisono, während sie sich mit frischem Fleisch vollstopften.

Deshalb schrieb ich mich für Philosophie ein und wurde Schriftsteller. Das reicht fürs Erste, auf Wiedersehen.

ZWEITES KAPITEL,
in dem die Ente versucht,
während des Wartens herumzuflattern,
was ihr allerdings untersagt wird

Im Café

Zunächst einmal flatterte die Ente herum. Sie flog vollkommen ziellos hierhin und dorthin, ohne sich allzu weit zu entfernen.

Sie hatte nicht die geringste Lust, sich weit zu entfernen, also wirklich wegzufliegen. Sie war jetzt eine, die Kinder erwartete. Sie brütete zwar nicht, befand sich aber trotzdem in freudiger Erwartung, und so erschien es ihr wenig angebracht, sonst wohin zu fliegen. Sie flatterte nur.

Flattern ist nicht gleich fliegen: Fliegen bedeutet wegfliegen, in die Ferne schweifen, nach Höherem streben. Flattern bedeutet eine Runde drehen, sich die Zeit vertreiben, ein bisschen hoch, aber auch ein bisschen tief fliegen. So tun, als ob man aufbricht oder zurückkehrt. Wer flattert, bricht weder auf, noch kehrt er zurück. Er kommt nirgendwo an. Flattern ist etwas Unentschlossenes, Zielloses, ein Kreis, der sich nicht schließt. Manche sagen: Ich fliege! Andere: Ich flattere … Und das ist ein Riesenunterschied. Erstere setzen hinter alles ein Ausrufezeichen, Letztere Auslassungspünktchen.

Die Ente gehörte zu denjenigen, die flattern. Nur dann war sie ganz sie selbst, so als sei Flattern ihre Berufung. Zum jetzigen Zeitpunkt in ihrem Leben, während sie warten musste, bis der Wolf ihre Küken ausgebrütet hatte, hielt sie das für das Beste.

Sie flatterte einen ganzen Tag lang und fast noch einen ganzen Tag. Doch dann tauchte ein Schwarm pechschwarzer Raben vor ihr auf, die sie aufhielten und sagten: »Bist du jetzt endlich fertig? So geht das nicht weiter! Wir beobachten schon seit zwei Tagen, wie du rauf und runter flatterst, ohne jedes Ziel. Das geht so nicht, Schluss damit! Entweder du machst was Anständiges, oder du hörst auf, so sinnlos den Himmel zu blockieren!«

Also flatterte die Ente nur noch kurz umher und fragte dann einen Passanten: »Entschuldigen Sie, können Sie mir sagen, wie man wartet?«

»Das ist doch ganz einfach, Süße. Setz dich ins Café! Denn dort ...«

»Dort?«

»Dort stehen Tische! Man setzt sich an einen Tisch und wartet.«

Der Passant tat, was er immer tat, er passierte. Und die Ente ging ins Café.

Es hieß Burgcafé, obwohl es weit und breit keine Burg gab. Es war ein kleines Café, mit einer hübschen, von dichten Hecken geschützten Terrasse und kornblumenblau lackierten Tischchen.

Die Ente setzte sich an eines der Tischchen und machte es sich bequem. Sie ließ die Beine baumeln, stützte den Kopf in die Flügel und rief den Kellner. Sie bestellte ein Erfrischungsgetränk mit Strohhalm, und gleich darauf ging es ihr besser. Es stimmte, im Café warteten alle. Man wusste zwar nicht recht, auf

36

was, aber sie warteten ganz brav im Sitzen, ohne auch nur das Geringste zu tun.

Sie begriff, dass es deutlich besser war, im Café zu warten, als einfach nur so zu warten.

Die Tische waren gut besetzt: mit Familien und ihren schreienden Kindern, mit Familien, deren Hunde sich unter den Stühlen zusammengerollt hatten, mit Liebespaaren, die sich in die Augen sahen, und auch mit Einzelpersonen, die nirgendwohin sahen. Mit Leuten, die beispielsweise Zeitung lasen oder Pfeife rauchten. Sie warteten. Und alle nippten an ihrem Kaffee, an ihrer Limonade, an ihrem Kräuterschnaps oder an ihrem Saft. Ach, was war das nur für ein herrliches Leben!

Aber das Schönste am ganzen Café war der Kellner. Er hieß Giovanni und war ein dickbäuchiger Pinguin mit Frack und Fliege. Die Ente konnte ihm stundenlang zusehen. Das Tollste war das Tablett: Er balancierte es voll mit Gläsern, Flaschen, Tellern und drehte es in der Luft, ohne dass auch nur das Geringste herunterfiel. Ein herrlicher Anblick!

Ja, es hatte schon einiges für sich, den Tag damit zu verbringen, einem Kellner bei der Arbeit zuzuschauen. Was gibt es Schöneres im Leben? Die Ente hielt das Problem für gelöst: Sie würde die restlichen fünfundzwanzig Tage einfach im Café warten.

Doch es gelang ihr nur, zwei Tage im Burgcafé zu verbringen. Denn als der Kellner am dritten Tag pünktlich um acht kam, um das Lokal aufzusperren, und sie immer noch an ihrem Tischchen vorfand, sagte er: »Entschuldige, Ente, aber du kannst hier nicht die ganze Zeit rumsitzen und nichts tun. Das ist ein Café ... Entweder du hilfst mir kellnern, oder du gehst!«

Die Ente versuchte, als Kellnerin zu arbeiten. Giovanni zog ihr einen Frack und eine Fliege an und ließ sie mit dem Tablett üben. Das dauerte Stunden, denn es war nicht einfach, es auf dem Flügel zu balancieren. Doch schließlich gelang es ihr. Innerhalb kürzester Zeit wurde sie zur perfekten Kellnerin: Sie machte eine Verbeugung und manövrierte geschickt um die Tischchen herum, ohne etwas fallen zu lassen. Sie lächelte die Gäste an und empfahl ihnen die besten Panini.

Aber nach zwei Tagen hielt sie kurz inne, um nachzudenken. Sie dachte: Warum kellnere ich eigentlich? Im Grunde habe ich nichts zu tun, ich muss nur warten, bis der Wolf meine Eier ausgebrütet hat!

Also verabschiedete sie sich von Giovanni und hüpfte über die Wiesen davon.

Durch Zufall kam sie zum Bahnhof und beschloss, sich in den Wartesaal zu setzen, denn das schien ihr ein ausgezeichneter Ort zum Warten zu sein. Tatsächlich wimmelte es dort nur so von Menschen, die warteten.

Aber sie warteten nur kurz: so lange, bis ihr Zug kam. Wenn er dann eintraf, standen sie auf, schleiften kiloweise Gepäck hinter sich her und eilten davon, als hätten sie etwas ganz Wichtiges zu erledigen. Sie nahmen ihren Zug und verschwanden.

Es war ein ständiges Kommen und Gehen von Menschen, die warteten und schließlich aufhörten, zu warten. Anderthalb Tage lang gelang es ihr, so zu tun, als wartete auch sie auf einen Zug. Eine Weile blieb sie brav sitzen, eine Weile rutschte sie auf der Bank hin und her, eine Weile lief sie nervös auf der Bank auf und ab und sah alle drei Sekunden auf die Uhr. Sie wirkte wie eine echte Reisende, die auf den Zug wartet.

Sie schaffte es, zwei Tage zu warten. Nachts kauerte sie sich zwischen den Koffern in der Kofferaufbewahrung zusammen, denn dort war es wärmer. Doch dann wurde sie entdeckt. Als sie der Bahnhofsvorsteher achtundvierzig Stunden hintereinander vor sich sah, schöpfte er bei Sonnenaufgang des dritten Tages Verdacht und fragte sie mit einer gewissen Ironie: »Entschuldige, Ente, aber welchen Zug musst du nehmen? Einen, der niemals kommt?«

»Ich muss gar keinen Zug nehmen«, entgegnete die Ente.

»Und worauf wartest du dann?«

»Darauf, dass der Wolf fertig gebrütet hat.«

Der Bahnhofsvorsteher sah sich um, und da er weit und breit keinen Wolf entdecken konnte, sagte er: »Wie dem auch sei. Am Bahnhof wartet man auf Züge und nicht auf Wölfe. Und wenn du keinen Zug nimmst, musst du gehen. Am Bahnhof kommt man an und fährt wieder ab. Denn wer nicht abfährt, kann auch nicht ankommen. Verstanden?«

Nach kurzem Nachdenken beschloss die Ente, dass es gar keine so schlechte Idee wäre, einen Zug zu nehmen. Sie hatte noch viel Zeit. Außerdem hielt sie den Zug für einen weiteren ausgezeichneten Ort, an dem man nichts tun musste außer warten.

Denn was tut man sonst, wenn man Zug fährt? Man sitzt in einem Waggon, schaut aus dem Fenster, blättert gelangweilt in einer Zeitschrift, dämmert ein wenig vor sich hin, während man die Beine zwischen die seines Gegenübers streckt, und macht eigentlich nur eines: warten, bis der Zug dort ankommt, wo er ankommen soll. Das Problem ist nur, dass der Zug irgendwann wirklich ankommt. Dann hören die Leute auf, auf die Ankunft zu warten, und steigen aus.

Der Zug, den die Ente nahm, hielt nach einer dreitägigen Reise, und alle stiegen aus, da alle ihr Ziel erreicht hatten. Nur sie, die keinerlei Ziel hatte, stieg nicht aus, blieb völlig allein zurück, um auf sonst was zu warten. Und zwar von dem Zeitpunkt an, an dem der Zug angekommen war und deshalb im Bahnhof stehen blieb. Wer weiß, ob und wann er wieder losfuhr?

Er fuhr nicht los. Zufälligerweise handelte es sich um einen Zug, der für keine weiteren Reisen benötigt wurde. Ein überflüssiger Zug, mit dem man nicht weiß, wohin. Ein Zug, der genauso nutzlos und überzählig war wie all die Angestellten, Lehrer und Hausmeister – lauter Leute, mit denen man nicht weiß wohin und die man auf irgendwelche Abstellgleise abschiebt. Genau der richtige Zug für die Ente, die nirgendwohin musste.

Zwei herrliche Tage lang blieb sie in diesem Zug sitzen und gab sich dem süßen Nichtstun hin. Sie wäre noch länger geblieben, wenn sie nicht von einer Möwenputzkolonne zwischen den Sitzen entdeckt worden wäre: »Hör mal, du musst aussteigen. Wie sollen wir sonst putzen?«

»Aber ich muss warten.«

»Aber man wartet nicht im Zug. Man steigt in den Zug ein und wieder aus. Man sitzt dort nicht dumm rum wie bestellt und nicht abgeholt. Wer einsteigt, wartet darauf, wieder aussteigen zu können. Und wer aussteigt …«

»Wer aussteigt?«, fragte die Ente.

»Wer aussteigt, ist ausgestiegen und damit basta, Ende der Vorstellung. Verstanden?«

Was die Ente inzwischen wirklich verstanden hatte, war, dass die Leute kommen und gehen, ankommen und abfahren, aussteigen und einsteigen, Zweige sammeln oder Tabletts tragen. Aber eines tun sie auf keinen Fall, nämlich untätig bleiben. Und sie, die nur warten wollte – wo sollte sie jetzt hin?

Ach, was war das nur für ein Glück, Eier zu haben, die man ausbrüten muss! Was hatte es der Wolf doch gut!, dachte die arme Ente und sah gedankenverloren in die Ferne.

»Verrätst du uns vielleicht, worauf du wartest?«, bedrängten sie die Möwen mit dem Besen zwischen den Flügeln.

»Ich warte darauf, dass der Wolf fertig gebrütet hat«, gestand ihnen die Ente und senkte den Blick.

»Fertig gebrütet hat? Was ist denn das für einer, ein Hühnerwolf, der behaarte Eier legt?«

Mit kreischendem Gelächter fegten sie sie mit ihren Besen beiseite.

Nach den Besen der Möwenputzkolonne war die Ente reichlich mitgenommen und schleppte sich humpelnd durch die verlassenen Straßen der Stadt. Um welche Stadt es sich handelte, wusste sie nicht. Aber nachdem sie drei Tage mit dem Zug unterwegs gewesen war, musste es sich um einen Ort weit weg von zu Hause handeln. Das beunruhigte sie nicht weiter, schließlich hatte sie Zeit. Der Zeiger des Timers stand auf der Elf, also waren erst elf Tage vergangen, seit der Wolf sie in die Luft geworfen hatte. Damit blieben ihr noch weitere sechzehn, bevor sie zu ihren Eiern zurückmusste, es gab also keinen Grund zur Eile.

Es war früher Morgen. Eine frische Brise zerzauste ihr Federkleid, aber sie träumte vom Wasser. Von einem Bergsee oder von einer geschützten Bucht, zur Not täte es auch ein Teich, ein kleiner Bach, irgendein Gewässer, in dem sie Wasser treten, sich die Federn waschen und mit dem Kopf untertauchen konnte, um nach einem leckeren Fischlein Ausschau zu halten.

Der Wolf wusste genau, wie viel ihr Wasser bedeutete: Wenn sie nicht mindestens einmal am Tag badete, sträubten sich ihr die Federn, so lange, bis sie irgendwann bedrückt in einer Ecke stand und ihre Schwimmfüße betrachtete. Nur gut, dass sie direkt am Meer lebten. Aber da die Brandung manchmal zu stark war, das Meer verschmutzt oder voller Quallen war, an denen sie sich die Beine verbrannte, hatte ihr der Wolf nur zwei Schritte von ihrem Bau entfernt einen wunderbaren Teich angelegt. Er war mit meerfarbenen Mosaikfliesen ausgelegt und von dichtem Schilf umgeben. Heimlich hatte er ihn mit Fischlein bestückt, da es eine Freude war, seine Ente, beispielsweise mit einer Schleie im Schnabel, wieder auftauchen zu sehen.

Er hatte den Teich extra tief gemacht, damit sie darin tauchen konnte. Leider hatte er vergessen, ihn breit genug zu machen, sodass es nur ein kleiner Teich geworden war, kaum größer als eine Pfütze. Aber er gefiel ihr trotzdem. Sie hatten ihn Grube getauft, und wenn die Ente ihr abendliches Bad nahm, wartete der Wolf bereits mit dem Bademantel am Ufer, damit sie sich nicht erkältete.

An jenem Morgen, an dem sich die Ente durch die Stadt schleppte, träumte sie von der Grube. Sie war dermaßen in ihre wehmütigen Gedanken versunken, dass sie die Straße überquerte, ohne nach links und rechts zu schauen. Beinahe wäre sie unter einen Laster gekommen.

Der Lastwagenfahrer bremste im letzten Augenblick mit lautem Reifenquietschen. Er stieg aus und nahm die zerzauste, verängstigt zitternde Ente auf den Arm. Er brachte es einfach nicht übers Herz, sie so mit Vorwürfen zu überschütten, wie er es eigentlich vorgehabt hatte.

»Kann ich dich ein Stück mitnehmen?«, fragte er.

»Wohin denn?« Die Ente wusste nicht, was sie dem netten Lastwagenfahrer sagen sollte. Ihr war jedes Ziel recht, Hauptsache, sie durfte im Lastwagen sitzen und musste nichts tun, außer die Pflanzen und Häuser zu betrachten, die an ihr vorbeiflogen und von ihrer erhöhten Sitzposition aus plötzlich ganz klein wirkten.

»Ich bin Jack, der Lastwagenfahrer«, stellte er sich vor.

»Aha. Und was machen Sie Schönes?«

»Ich fahre Lastwagen. Und du?«

»Ich bin Ente«, sagte die Ente.

Sie fuhren zwei Tage und zwei Nächte lang. Sie hielten an Raststätten für Lastwagenfahrer, aßen und tranken und sahen sich Fußballspiele im Fernsehen an. Die Ente interessierte sich nicht für Fußball, tat aber so als ob, um Jack Gesellschaft zu leisten. Denn es hätte ihr leidgetan, ihn allein Fußball gucken zu lassen.

Leider war Jack am dritten Tag an seinem Ziel angelangt, was auch immer das sein mochte. Er brachte den großen Laster zum Stehen und sagte: »Nun, es war mir ein Vergnügen.«

»Mir auch.«

Die Ente hätte aussteigen müssen, aber sie merkte, dass Jack nicht weiterfuhr, und blieb sitzen.

»Fahren Sie denn nicht weiter, Herr Lastwagenfahrer?«

»Nein, ich muss auf die Fracht warten.«

»Auf was für eine Fracht?«

»Keine Ahnung, ich habe nur Anweisung, hier auf die Fracht zu warten.«

Fantastisch!, dachte die Ente. Und leistete ihm beim Warten Gesellschaft.

Mehrere Stunden vergingen. Jack hatte sich ein gemütliches Kissen unter den Kopf geschoben und begann zu schnarchen. Die Ente, die nicht schlafen konnte, wurde es leid, neben einem Schnarchenden zu warten. Deshalb verließ sie den Laster und flatterte ein wenig herum.

Sie hatten am Meer haltgemacht. Um sie herum war nichts als Strand, ein riesiger, kilometerlanger Strand. Und dort stand einsam der Lastwagen: wie ein Wal, der an einem riesigen verlassenen Strand gestrandet war.

Die Ente ging zum Meer und nahm endlich ihr Bad. Dann trat sie etwas Wasser, dort, wo die Wellen ständig kommen und gehen. Sie setzte sich und sah auf das Meer hinaus. Nirgendwo war ein Boot zu sehen. Sie dachte an ihren Wolf, an ihr gemeinsames Boot und wurde plötzlich ganz wehmütig. Sie stand auf und machte, in ihre Gedanken versunken, einen Strandspaziergang. Sie hatte den Blick gesenkt und achtete auf die Steine. Sie suchte nach grünen durchsichtigen Steinchen. Sie war ganz wild darauf, und wenn es nach ihr ging, waren das gar keine Steine, sondern Meerestropfen, die sich eigens für sie verfestigt hatten, um nicht zu verdampfen und sich in Nichts aufzulösen. Tropfen, die ewig Tropfen bleiben wollten. Sie nannte sie Meeresperlen und hatte es sich zur Aufgabe gemacht, sie zu sammeln. Das war die einzige Aufgabe, die sie für sich entdeckt hatte.

Plötzlich sah sie eine Katze am Strand. Die hatte eine gebückte Haltung eingenommen und war mit etwas beschäftigt, das man nicht erkennen konnte. Die Ente ging näher hin und sah, dass es sich um eine alte Katze handelte. Sie hatte eine Brille auf der Nase und sich eine Stola um die Schultern gelegt. Um sie herum standen zig Eimer, die sie einen nach dem anderen mit einer Schaufel sorgfältig füllte.

»Guten Tag, was ist das für ein Spiel, Frau Katze?«, fragte die Ente, und die Katze erwiderte gereizt: »Wie, was ist das für ein Spiel? Soll das ein Witz sein? Bei mir ist alles im Eimer! Was hast du hier zu suchen?«

»Ich mache einen Spaziergang.«

»Na ganz toll! Anstatt spazieren zu gehen, könntest du mir genauso gut helfen«, sagte die Katze, die ihr Leben lang nichts anders getan hatte, als zu arbeiten. Für sie war es völlig unvorstellbar, dass man einfach nur spazieren gehen konnte und sonst nichts.

Als alle Eimer gefüllt waren, sah die Katze auf die Uhr und sagte: »Wir liegen genau in der Zeit. Der Lastwagen muss ganz in der Nähe sein, jetzt rufe ich den Fahrer an.«

Der Lastwagen näherte sich ganz langsam. Er hielt einen Schritt weit von den Eimern entfernt, dann stieg der Fahrer aus: Es war der alte Jack, der half, die Eimer aufzuladen. Anscheinend war das die Fracht, auf die er gewartet hatte: Sie waren also so weit gefahren, nur um Eimer aufzuladen, die eine alte Katze stundenlang gefüllt hatte. Logisch.

Nachdem alle Eimer aufgeladen waren, fragte die Katze die Ente: »Und jetzt hast du zu tun?«

»Ja, ich muss herumflattern.«

»Anstatt herumzuflattern, könntest du genauso gut mit mir zur Zeitung kommen!«, sagte sie und verstand nicht, wie man im Leben nur herumflattern kann und sonst gar nichts.

»Zur Zeitung?«, fragte die Ente verblüfft, die ihrerseits nicht verstand, was eine Zeitung mit einer Katze zu tun hatte. Und schon gar nicht mit Eimern voll Sand.

DRITTES KAPITEL,
in dem der brütende Wolf in die
Nachrichten kommt,
was eine Katastrophe nach sich zieht

Am Tag darauf wachte der Wolf auf und hatte ein schlechtes Gewissen. Riesige Schuldgefühle erfüllten ihn: Er hatte zu viel geschrieben! Jetzt musste er mit einem langen Tag wirklicher Erfahrungen gegensteuern.

Die Sonne schien, also beschloss er, die Eier auf eine Bootstour mitzunehmen.

Allein mit dem Boot hinauszufahren hatte für ihn schier metaphysische Dimensionen, entsprach also wieder seiner unwirklich-abstrakten Art zu leben. Aber wenn er sich während des Hinausfahrens um die eigenen Eier kümmerte, war das etwas ganz Wirklich-Konkretes und deshalb gut und richtig.

Außerdem werden aus diesen Eiern einmal meine Kinder, dachte der Wolf. Da mache ich sie am besten gleich von Anfang an damit vertraut, wie schön es ist, zur See zu fahren.

Er ging zum Hafen, kaufte eine Cola und ein *panino al prosciutto* und machte das Boot fertig. Am Bug breitete er ein Handtuch aus und legte die Eier darauf, damit sie etwas Sonne abbekamen. Das macht die Knochen stabil, dachte er.

Diese zwei Dinge – der Kauf des Schinkenbrötchens und das Auslegen der Eier auf dem Handtuch – bestärkten ihn in seinen Bemühungen, ganz konkret in der Wirklichkeit zu leben. Nie im Leben wäre es ihm in den Sinn gekommen, auf dem Boot ein Handtuch auszubreiten, wenn er nicht drei Eier gehabt hätte, um die er sich kümmern musste.

Als er mitten auf dem Meer war, wo ein leichter Westwind wehte, beschloss er, die Segel zu hissen. Erst das Fock- und dann das Besansegel. Er setzte sich ins Heck, legte eine Pfote vorsichtig auf die Ruderpinne und fuhr mit den Eiern ziellos auf dem Meer herum.

Ab und an machte er eine Wende, stellte den Trimm anders ein und legte das Boot mal mehr, mal weniger schräg, je nachdem, ob er schneller oder langsamer vorankommen wollte.

Er betrachtete die Eier im Bug, die ebenso reglos wie verschlossen vor ihm lagen. Er versuchte sich vorzustellen, wer wohl darin steckte. Wie seine Kinder aussehen mochten, welche Augenfarbe, welchen Charakter, welches Schicksal sie wohl haben würden. Würden sie fröhlich oder melancholisch, sportlich oder träge, träumerisch oder pragmatisch sein?

Aber vor allem fragte er sich: Werden es Jungen oder Mädchen sein, Enten oder Wölfe?

So ist das eben. Es gibt eine Phase, in der unser Kind bereits ist, was es einmal sein wird. Aber noch hat es sich versteckt, noch können wir es nicht sehen. Also schließen wir die Augen und stellen es uns vor. Dabei lassen wir uns von unserem Instinkt leiten. Wir glauben, instinktiv zu wissen, wie unser Kind sein wird. Wir sind uns sicher, dass es blonde Löckchen, dickes Haar haben wird. Dass ein Geiger aus ihm wird, ein Astronom oder ein großer Patissier. Wir sind uns ganz sicher. Aber dem ist nicht so. Gut möglich, dass ein Kind mit glatten schwarzen Haaren zur Welt kommt, das einmal Bürsten verkauft. Wer weiß? In Wirklichkeit sind wir gar nicht in der Lage, uns unser Kind vorzustellen, wir können es gar nicht richtig vor uns sehen. Und wenn es zur Welt kommt, erleben wir eine Riesenüberraschung.

Inzwischen schwankten die Eier im Bug leicht hin und her und wurden von den Wellen geschaukelt. Der Wolf knabberte an seinem Schinkenbrötchen.

»Hoffentlich liebt ihr das Meer«, sagte er zu den Eiern. »Wenn ihr größer seid, brechen wir bei Sonnenaufgang auf, und ihr helft mir mit den Segeln. Irgendwann werdet ihr das Boot ganz allein steuern, während ich im Heck sitze und angle. Aber vorher muss ich euch noch einen Haufen Dinge beibringen, liebe Kinder, den ein oder anderen Schiffsknoten zum Beispiel ...« Dann machte er einen schönen Palstek und zeigte den Eiern, wie man mit dem Seil erst ein Auge legt, mit dem losen Ende hindurchfährt und den Knoten zuzieht. Anschließend ging er in einer ruhigen Bucht vor Anker, legte sich aufs Oberdeck und sah zu, wie die Wolken vorüberzogen.

»Ich muss euch auch noch zeigen, wie man am Wind segelt, ein Boot vertäut, die Ruderpinne hält ...«, sagte er – ob zu sich selbst oder zu den Eiern, wurde nicht ganz klar. »Und die Winde erklären. Vor allem die Winde, liebe Kinder! Ihr habt ja keine Ahnung, wie wichtig es ist, die Winde zu kennen. Denn da ist keiner wie der andere. Nehmen wir nur mal den Scirocco: Er weht und weht, wächst sich aber nur selten zum Sturm aus. Der Südwestwind dagegen ist ein starker Wind, der langsam loswehen, aber einen später zum Kentern bringen kann. Die Tramontana oder der Nordwind ist eiskalt, böig und gefährlich. Erst ist das Meer glatt wie eine Ölpfütze, und man ahnt nichts Böses. Dann sieht man plötzlich die Bö aus der Ferne herannahen und hat schon verloren. Ist man erst mal mittendrin, drückt sie die Segel, ehe man sich's versieht, ins Wasser. Verstanden? Hoffentlich liebt ihr das Meer genauso sehr wie ich. Jetzt, da ihr noch Eier seid, fahre ich mit euch aufs Meer hinaus. Und wenn ihr dann geboren seid, wisst ihr bereits, wie es ist, zur See zu fahren. Das ist doch ein riesiger Vorteil!«

Die Sonne sank. Das Brötchen war aufgegessen. Und der Wolf beschloss umzukehren. Er wollte nicht, dass die Eier froren oder sich erkälteten.

Natürlich bekam er sofort Lust, zu schreiben. Nach einer so intensiven Erfahrung ist das mehr als verständlich und dementsprechend verzeihlich. Er wartete, bis es Nacht wurde, nahm ein Blatt und schrieb:

Warten bedeutet, sich jeden Tag vorzustellen, wie die eigenen Kinder einmal aussehen werden, noch bevor sie die eigenen Kinder sind.

Er las sich durch, was er geschrieben hatte. Ihm gefiel die Wortwiederholung »Kinder« nicht und er kürzte das Ende: »... noch bevor sie sind.«

Noch bevor sie was sind? Das ging daraus nicht hervor. Er strich die komplette zweite Satzhälfte, sodass nur noch die erste übrig blieb: »Warten bedeutet, sich jeden Tag vorzustellen, wie die eigenen Kindern einmal aussehen werden.«

Das las sich deutlich besser, klang aber reichlich banal und viel zu eindimensional. Er kürzte erneut, bis nur noch stehen blieb: »Warten bedeutet, sich etwas vorzustellen.«

Nein, das war zu knapp.

Warten bedeutet, sich jeden Tag vorzustellen, wie du aussehen wirst.«

Wunderbar! Vielsagend und kein bisschen eindimensional. Wunderbar unverständlich.

Er wollte weiterschreiben und versuchte es auch, aber ihm fiel nichts mehr ein.

So ist das eben: Manchmal folgt ein Gedanke auf den anderen, und manchmal bleibt es bei einem einzigen. Manchmal reicht ein einziges Blatt, und manchmal kommt man nicht einmal mit zehn Blatt aus.

Das Einzige, was wirklich wichtig ist, ist, lose Blätter zu verwenden und kein Heft. Denn die Gedanken kommen nicht in der richtigen Reihenfolge, Seite für Seite. Sie kommen so, wie es ihnen gerade gefällt. Sie sind flüchtig und unzusammenhängend, und man muss sie lassen, wie sie sind. Jedes Blatt ist ein neuer Gedanke. Wenn man will, kann man die Blätter anschließend sortieren und schauen, ob ein Buch dabei herauskommt. Aber daran darf man erst ganz am Schluss denken. Jedes Blatt steht für sich. Alle Blätter zusammen ergeben einen Baum, aber das einzelne Blatt weiß nicht, dass es Bestandteil eines Baumes ist.

Und das ist auch gut so, dachte der Wolf.

Die Traurigkeit des Igels

Blieb das Problem der Nahrungsbeschaffung.

Um etwas zu essen zu besorgen, hätte der Wolf die Eier zu lange allein lassen müssen: Wie man weiß, nimmt die Jagd viel Zeit in Anspruch. Zuerst muss man die Beute aufspüren, sie stundenlang belauern, dann zum Sprung ansetzen und sie ganz langsam verzehren, damit man kein Bauchweh davon bekommt. Mal ganz abgesehen davon, dass er nie auf die Jagd gegangen war ...

Etwas zu kochen kam erst recht nicht infrage, obwohl er ein begnadeter Koch war: Das hätte ihn ebenfalls Zeit gekostet, die den Eiern vorbehalten war. Außerdem hatte er gar keine Lust dazu. Brüten bedeutet, eine große Verantwortung zu haben, und zum ersten Mal in seinem Leben fühlte er sich wirklich für jemanden verantwortlich. Dass dieser Jemand ein Ei war, spielte dabei keine große Rolle.

Und wieder war es sein Freund, der Igel, der ihm aus der Patsche half.

»Wenn Sie erlauben ...«, sagte er eines Tages. Dann

verschwand er für ein paar Stunden und kehrte mit einem dampfenden Topf zurück. Der Wolf hob den Deckel, und ein intensiver Duft nach Petersiliengeschnetzeltem stieg ihm in die Nase.

Von jenem Tag an machte es sich der Igel zur Aufgabe, für den Wolf zu kochen: Lammkoteletts mit jungen Erbsen, Wachteln aus dem Ofen mit neuen Kartoffeln, Tafelspitz mit Meerrettich, Kalbszunge in Salsa Verde, Vitello tonnato ... Jetzt, da das Problem der Nahrungsbeschaffung gelöst war, konnte sich der Wolf voll und ganz aufs Brüten konzentrieren.

»Bleiben Sie doch zum Abendessen, Herr Richmond«, schlug er seinem Freund, dem Chefkoch, vor. Aber der Igel lehnte seine Einladung jedes Mal ab.

»Dann wird es zu spät ...«, brummte er.

»Sie können auch bei mir übernachten. Wir können Ihre Bank in ein Bett umwandeln, das ist nicht weiter schwierig.«

Nichts zu machen. Jeden Abend nach Sonnenuntergang verabschiedete sich der Igel von seinem Freund, dem Wolf, schulterte seine Bank und kehrte allein in seinen Bau zurück.

In Wahrheit war es dem Igel Richmond noch nie gelungen, neben jemandem zu schlafen: Er hatte Angst, demjenigen wehzutun. Er war nicht wie die anderen, die stolz auf ihre Stacheln waren, stets bereit, sie zu benutzen oder auch nur zu zeigen, um etwaige Feinde oder Störenfriede in die Flucht zu schlagen.

Er benutzte seine Stacheln nicht. Er legte sie so eng an wie irgend möglich. Das hatte er so lange geübt, dass ihn die anderen Igel schon einen »Stumpfigel« nannten. Aber er achtete nicht auf sie und ließ sie reden. Denn nur weil er seine Stacheln nicht benutzte, hatte er es geschafft, der beste Luftballonverkäufer überhaupt zu werden.

Nur hatte er leider nie geheiratet. Wie von seiner Mutter prophezeit, hatte ihn keine Igelin zum Mann haben wollen. Er war zu stumpf und unanstößig: Welche Sicherheit wollte er da einer Frau und Kindern bieten? Und jetzt, da er alt geworden war, litt er sehr darunter, Junggeselle geblieben zu sein und keine Familie zu haben. Jetzt blieben ihm nur noch die ein oder andere Bocciapartie mit anderen Igelrentnern und das Kino. Aber auch die Kinobesuche waren für den armen Igel nicht so schön, wie sie hätten sein können, denn es macht einfach keinen Spaß, sich alle Filme allein anzusehen.

Aber so war es nun mal. Jeden Abend verabschiedete er sich vom Wolf und ging, wobei er seine Bank mitschleppte.

»Bis morgen!«

»Bis morgen!«

Er kehrte jeden Morgen zurück. Aber seit einer Weile war er erschöpfter als sonst und schleifte die Bank an einem über die Schulter gelegten Strick mürrisch hinter sich her.

»Was haben Sie nur, Herr Richmond?«, fragte ihn der Wolf eines Tages.

»Nichts.«

Aber es war ein Nichts voller Etwas, so viel war klar. Der Wolf ging zu ihm, legte ihm eine Pfote auf die Schulter – die Stacheln würden ihn schon nicht pieksen – und sagte:»Hören Sie, mein lieber Freund. Wir haben so viele Tage mit Brüten verbracht ... Wollen Sie mir wirklich nicht sagen, was Sie bedrückt?«

Langsam ließ sich der Igel erweichen.

»Mich bedrückt, Herr Wolf, dass Sie irgendwann aufhören werden zu brüten und dann ...«

Da wurde dem Wolf ganz warm ums Herz, der dachte, der Igel würde fortfahren wie folgt: »... und dann sehe ich Sie nie wieder!« Ein bisschen so wie in den Filmen, die sein Freund so sehr liebte, wenn die beiden Hauptdarsteller am Ende für immer auseinandergehen. Doch der Igel fuhr fort wie folgt:

»... und dann werde ich niemals gebrütet haben!«

Der Wolf zuckte zusammen, ähnlich wie wir, wenn sich etwas, das wir stets für grün gehalten haben, plötzlich als rot entpuppt. Er musterte seinen Freund, den Igel, bemerkte sein graues Fell, seine Hängebacken, seine geschwollenen Knie: Er war alt. Das war dem Wolf vorher noch nie aufgefallen: Für ihn war er einfach nur sein Freund, der Igel, und damit basta. Das Alter spielte keine Rolle.

Es war beinahe Mittag, und es wehte ein angenehm laues Lüftchen. Ein ganz leichtes Lüftchen, und auf der Wiese wuchsen Margariten. Der Wolf entfernte sich kurz, um die Eier sorgfältig in den Korb zu legen. Dann rief er nach Richmond.

»Wollen Sie es mal versuchen?«, fragte er, woraufhin der Igel über das ganze Gesicht strahlte.

Richmond setzte sich auf die Eier.

Er brauchte dazu nicht mal Luftballons, da er so leicht war, dass er die Eier des Wolfs niemals beschädigt hätte. Und dass er sie hätte aufstechen können, war völlig ausgeschlossen – dermaßen stumpf waren seine Stacheln.

Er saß aufrecht da und sah geradeaus. Und ja, er brütete!

Von nun an erhob sich der Wolf vom Korb, sobald er seinen Freund kommen sah, und bot ihm an, zu brüten. Der Igel zierte sich, stotterte schüchtern so etwas wie »Nein, danke«, gab dann aber schließlich nach: »Aber nur ein kleines bisschen ...«, sagte er, setzte sich vorsichtig auf die Eier des Wolfs und verharrte dort hoch konzentriert. Dann erhob er sich wieder, ohne es jemals zu versäumen, sich zu bedanken.

Er brütete bloß kurz, ohne es zu übertreiben. Er wollte nicht stören. Aber man sah ihm an, wie glücklich er dabei war. Der Wolf wusste zwar nicht recht, was sein Freund, der Igel, am Brüten fand, vermutete aber, es liege daran, dass dieser nie Vater geworden war. Wenn er sich nun ein wenig auf fremder Leute Eier setzte, bekam er bestimmt Vatergefühle. Aber dem war nicht so, und an einem besonders melancholischen Abend gestand ihm der Igel die Wahrheit: »Wissen Sie, mein lieber Wolf, es geht mir gar nicht ums Brüten an sich! Ich weiß sehr wohl, dass noch nie ein Igel gebrütet hat. Außerdem gehören mir die Eier gar nicht, das wäre ja noch schöner! Es ist vielmehr so, dass ...«

»Dass was, Herr Richmond?«

»Dass ich auf diese Weise das Gefühl habe, auf etwas zu warten. Auf etwas, das es noch nicht gibt, das erst noch kommt. Ein bisschen so wie die ›Demnächst in Ihrem Kino‹! Sie ahnen ja nicht, wie toll es ist, sich die ›Demnächst‹ anzusehen! Man lässt sich gemütlich in den Sessel sinken und sieht einen Film, der demnächst im Kino gezeigt wird. Ich weiß nicht, ob Sie verstehen, was ich meine ... Ein ›Demnächst‹ ist wie ein Ei, genau das ist es!«

»Ich verstehe Sie sehr gut, Herr Richmond, wirklich«, erwiderte der Wolf, der – da er so gut wie nie ins Kino ging – kein bisschen verstand, was ein Filmausschnitt mit einem Ei zu tun haben sollte. Und jedes Mal, wenn der Igel die Bank schulterte und nach Hause zurückkehrte, zog der Wolf heimlich die Blätter und den Kugelschreiber hervor. Im Schutz der Dunkelheit war er unsichtbar. Das war sein kleines Geheimnis: Er schrieb!

Er setzte sich mit einem Blatt auf den Knien auf einen umgefallenen Baumstamm, legte sich bäuchlings auf den Boden oder lehnte sich an einen Baum, manchmal nur auf einem Bein stehend. Er hatte sich mit Lichtenberg beschäftigt, der in seinem Sudelbuch schreibt, dass bei uns jeder Gedanke mit einer bestimmten Körperhaltung einhergeht und insofern davon abhängt, wie wir uns bewegen oder auch nicht bewegen. Deshalb veränderte der Wolf in regelmäßigen

Abständen seine Haltung: Damit ihm immer wieder neue Gedanken kamen.

Aber am wichtigsten war, dass es dunkel war und ihn niemand sehen konnte: Auf keinen Fall durfte er beim Schreiben ertappt werden!

Ich erlebe einen unwiederbringlichen Moment – schrieb er eines Abends, einen Baumstamm zwischen den Beinen –, in dem das, was geboren werden wird, noch nicht geboren ist, aber kurz davorsteht.

In einem Moment ist es noch versteckt und unkenntlich, und schon im nächsten wird es sich zeigen, enthüllt werden, ersichtlich werden. Es wird klare Umrisse haben, ein Gesicht, einen Blick. Ein Lächeln, bei dem man dahinschmelzen wird und das nur ihm gehört. Es ist unverwechselbar, wird geliebt, sehnsüchtig erwartet …

Aber im Moment ist es nicht da. Noch nicht. Nichts zeigt sich. Das Geheimnis ist unangetastet, absolut. Das Geheimnis ist ein noch nicht geborenes Kind.

Kein Moment wird je wieder so sein.

Genau das bedeutet Warten: Es markiert die unsichtbare Grenze zwischem dem Unbekannten und dem Bekannten, dem Unfassbaren und dem Fassbaren. Das Warten ist ein leichter Wind.

Der Wolf wünscht gute Nacht.

Sich am Ende einer Seite zu verabschieden konnte sich der Wolf einfach nicht abgewöhnen. Von wem verabschiedete er sich da eigentlich? Er hatte noch nie gesehen, dass ein Schriftsteller so etwas tat.

Vielleicht war der Wolf ja kein echter Schriftsteller. Vielleicht schrieb er gar kein Buch. Sondern Tagebuch, eine Sammlung von Aphorismen oder seine Lebensgeschichte, unter dem Vorwand, das Leben eines anderen zu erzählen. Wer weiß. Doch diese Fragen stellte er sich gar nicht. Er schrieb. Und wenn ihm danach war, sich am Ende einer Seite zu verabschieden, dann tat er das eben.

Lady Fox

Dabei stimmte es gar nicht, dass nachts niemand den Wolf sah. Das glaubte er nur, aber eines Abends wurde er entdeckt.

Er brütete gemütlich vor sich hin, als rein zufällig die schreckliche Professorin Fuchsia, auch Lady Fox genannt, vorbeikam.

Das war seine unsympathischste, gehässigste und neidischste Kollegin. Eine blasse, verknöcherte Dame mittleren Alters, die aus der Mode gekommene Kostüme, Hütchen mit knallbunten Blumenbouquets und eine dicke Perlenkette trug. Sie lehrte Geschichte der Wälder der Antike, war wahnsinnig hochnäsig und hielt sich einfach für etwas Besseres. Sie bildete sich ein, dass die Welt früher oder später von ihrer außerordentlichen Begabung Notiz nehmen würde, von ihrer Schönheit, Eleganz und Intelligenz. Und dass sie dann, obwohl sie schon recht alt war, eine steile Karriere machen und sehr berühmt werden würde. Sie wollte die erste Füchsin sein, die erste Geige spielen, so wie im Theater. Denn was ist das Leben, wenn nicht eine Theatervorstellung?

Bis es so weit war und die Welt von ihr Notiz nahm, pflegte sie überflüssige Freundschaften, frequentierte die exklusivsten Wälder und wurde ganz grün vor Neid, wenn sie jemandem begegnete, der glücklicher, besser oder vom Schicksal begünstigter war als sie. Dieser Person folgte sie wie ein Schatten und hätte sie am liebsten mit ihren scharfen Krallen zerfetzt.

In jener Nacht fand sie keinen Schlaf, so grün war sie vor Neid. Als sie den Wolf so mitten im Grasland sitzen sah, überschüttete sie ihn sofort mit Fragen: »Oh, Herr Professor Wolf, welch Überraschung, Sie hier zu sehen …! Was machen Sie hier? Wo ist Ihre Frau? Warum sind Sie nicht bei ihr? Hatten Sie Streit und versuchen jetzt in der frischen Nachtluft auf andere Gedanken zu kommen? Gönnen Sie sich ein Schläfchen unter freiem, sternenklarem Himmel? Oder«, fügte sie hinterhältig hinzu, »brüten Sie irgendetwas aus?«

Sie kannten sich bereits seit Kindertagen und waren sogar Nachbarn in den Dünen am Meer. Als er die Ente geheiratet hatte, hatte sie sich auf die Fäuste gebissen vor Wut. Warum so eine dumme Ente und nicht ich? Nicht dass sie in den Wolf verliebt gewesen wäre, im Gegenteil: Sie fand ihn völlig belanglos mit seinem Segelboot und seinem mickrigen Gehalt, betrachtete ihn als unbekannten Hobbyschriftsteller, der kein bisschen mondän und todlangweilig war. Aber da ihn alle sehr schätzten, war sie ganz zerfressen von Neid, dass dieser Wolf so bewundert wurde und so ein glückliches Leben führte.

Als sie ihn in jener Vollmondnacht brütend vorfand, glaubte sie, ein gütiges Schicksal serviere ihr die Chance ihres Lebens auf dem Silbertablett. Sie traute ihren Augen nicht, kam näher und musterte ihn von allen Seiten. Doch, doch, es war tatsächlich der Wolf, und er rührte sich nicht vom Fleck. Ein Zeichen, dass er tatsächlich Eier ausbrütete, denn was macht man sonst, wenn man stur, wie angewurzelt im Gras sitzt?

In ihrem Fuchsschädel reifte ein teuflischer Plan heran: Sie würde die Zeitungen benachrichtigen und den Wolf auf die Titelseiten bringen! Auf diese Weise würde sie gleich zwei Fliegen mit einer Klappe schlagen, nämlich den guten Ruf des verhassten Kollegen ruinieren und als Entdeckerin des Brütenden Waldwolfs endlich berühmt werden. Man würde jede Menge Fotos von ihr und Interviews mit ihr abdrucken.

In Wahrheit war Fräulein Fuchsia gar kein richtiger Fuchs, worunter sie ungemein litt. Das war wahrscheinlich auch der Grund für ihren grenzenlosen Sozialneid. Ihre Mutter war eine Füchsin, aber ihr Vater leider nur ein Spitz. Ein Hund mit fuchsartigem Äußeren. Einer von diesen schmutzig weißen kurzbeinigen Kläffern mit spitzer Schnauze und einem aufgestellten, buschigen Schwanz. Eine Scheußlichkeit von einem Hund.

Aufgrund ihres genetisch bedingten, ungeheuren Frusts hatte sie einen scharlachroten Fleck am Hals, ein richtiges Feuermal! Deshalb trug sie auffällige Halsketten mit Perlen, groß wie Mandarinen, und versuchte ihrer Erscheinung mit pastellfarbenen Kostümen, Spitzenhandschuhen, mit Plastikblumen überladenen Hütchen und Peeptoes einen Hauch von Raffinesse zu verleihen. Ganz im Stil von Queen Elizabeth, weshalb sie alle Lady Fox nannten.

Lady Fox hatte aufgrund ihrer vielen Kontakte, die ihr eines Tages bestimmt noch zupasskommen würden, Freunde in hohen Positionen. Und so genügte ein Telefonat mit dem Chefredakteur einer großen wöchentlichen Klatschzeitung namens *Vip and Viper's Life*: »Ich muss dich sehen, mein Lieber.«

Der Chefredakteur hieß Dino De Sauris und war ein alter, knochiger, riesiger Eidechs-Sabbergreis, der sich, obwohl er die hundert überschritten hatte, immer noch wie ein Dandy aufführte und sich vom anderen Geschlecht wie magisch angezogen fühlte, ganz egal, in welcher Gestalt es ihm begegnete.

Er biss sofort an und verabredete sich in einem angesagten Fast-food-lokal mit der Füchsin. Und dort, vor einem köstlichen Hühnercurry und einem gekühlten Spumante, schilderte ihm Lady Fox den Fall, nicht ohne ihm ein Lächeln nach dem anderen zu schenken und ständig mit den Wimpern zu klimpern. Sie ließ sich zusichern, dass auch ihr Foto auf der Titelseite erscheinen würde, schließlich hatte sie die Geschichte entdeckt.

Der Chefredakteur konnte sein Glück kaum fassen, die Exklusivrechte an so einer Geschichte zu haben. Er platzte schier vor Freude und sicherte ihr zu, was sie wollte. Am Tag darauf erschien die Zeitung mit folgender Schlagzeile:

Philosophieprofessor im Wald beim Brüten ertappt

Und darunter stand:

*Unser Bildungssystem steht
kurz vor dem Kollaps*

Weiter hinten gab es ein Interview mit Tulipanu, dem Bildungsminister, der sich entsetzt zeigte über den brütenden Professor und versprach, sofortige Gegenmaßnahmen einzuleiten blablabla. Ein Triumph!

Ein Triumph für die Zeitung, aber nicht für die arme Lady Fox: Von ihr war nirgendwo ein Wort zu entdecken, geschweige denn ein Foto, weder auf der Titelseite noch sonst irgendwo. Der Chefredakteur Dino De Sauris hatte sie einfach nur benutzt und anschließend fallen lassen wie eine heiße Kartoffel.

Doch keine Sorge, sie würde erneut versuchen, berühmt zu werden. Die Welt wartete nur auf sie, und irgendwann würde sie schon noch erkennen, wie wertvoll sie war.

Die Nachricht vom brütenden Wolf wurde sofort von sämtlichen Radiosendern aufgegriffen, von staatlichen ebenso wie von privaten, aber auch von sämtlichen Fernsehsendern, seien sie nun regional oder überregional. Seit den frühen Morgenstunden rückten dem Wolf aus allen Himmelsrichtungen Scharen von Fernsehteams auf den Pelz.

Der ahnte noch nichts von alldem, sah selig in den Himmel und knabberte Popcorn, um sich ein wenig die Zeit zu vertreiben. Da sah er plötzlich, wie sich das erste Fernsehteam näherte, jenes, das am schnellsten reagiert hatte. Im Nu wurde er von zig Scheinwerfern geblendet, die auf seine Schnauze gerichtet wurden. Hinter ihm hielt jemand einen weißen Schirm hoch, damit das Licht besser reflektiert wurde. Eine Maskenbildnerin eilte herbei, um ihm das Gesicht zu pudern, damit es nicht so glänzte. Da sie schon mal da war, wollte sie ihm auch gleich die Augenbrauen zurechtstutzen, und der entsetzte Wolf konnte sie gerade noch davon abhalten.

In der Zwischenzeit näherte sich mit langen gedämpften Schritten etwas, das aussah wie eine riesige Giraffe. Sie baute sich vor ihm auf und begann, ihn zu filmen, indem sie ihn mit ihrer Schnauze in Kameraform heran- und wieder wegzoomte.

»Möchten Sie sich irgendwie dazu äußern?«, trompetete mit schriller Stimme eine fadenförmige, in grellen Tüll gehüllte Blutegelin, die wie aus dem Nichts aufgetaucht war, sich auf sein linkes Knie gesetzt hatte und ein riesiges Mikrofon in den Händen hielt. Sie wandte sich an die Zuschauer und versprach ihnen eine unglaubliche Sensation.

Sie war keine Geringere als die berühmte Blutekel, die Anchorwoman der beliebten Abendsendung *Big Bother*, in der man live dabei zusehen konnte, wie sie über arme Unschuldige herfiel. Sie stürzte sich förmlich auf ihn, wie das Blutegel so an sich haben, und haute ihm eine Frage nach der anderen um die Ohren:

»Warum brüten Sie?

Was halten Sie von Abtreibung?

Wann haben Sie beschlossen, Ihr Leben zu ändern?

Glauben Sie, sich als Wolf verwirklicht zu haben?

Wie stehen Sie zum Irakkrieg?

Sind Sie jemand, der uns sagt, was einem am Brüten so behagt? ›Sagt-behagt‹ … gar nicht mal so schlecht, was?

Was spüren Sie auf der haptisch-emotionalen Ebene, wenn ihr Körper mit den Eiern in Berührung gerät?

Dürfen wir die Eier ebenfalls interviewen?«

In der Zwischenzeit waren auch die anderen Fernsehteams angerückt, alle mit eigenen Scheinwerfern und eigenen Giraffen. Der Wolf kam sich vor wie auf einer Safari.

Er hatte schon einen ganz gläsernen, starren Blick, war wie gelähmt und zuckte mit keinem Haar. Auf diese Weise versuchte er, passiven Widerstand gegen die Katastrophe zu leisten, die ihn da überkam. Doch tief in seinem Innern brach eine Welt zusammen: Er konnte nur noch an seine kleine Ente denken. Hätte sie das gewusst, wäre sie wie ein Pfeil zu ihm geschossen, hätte alle verscheucht und ihm einen Kuss auf die Schnauze gegeben. Anschließend hätten sie einen Strandspaziergang gemacht, um sich zu entspannen, und nachts hätten sie den Mond angeschaut. Dann wäre alles wieder gut gewesen. Aber leider ... Wer weiß, wo seine kleine Ente gerade steckte! Vielleicht war es doch ein Fehler gewesen, sie zu bitten, ihn allein zu lassen. Manche Dinge, so auch das Brüten, sollte man lieber gemeinsam tun. Aber er hatte doch so gern diese Erfahrung machen wollen! War so fest davon überzeugt gewesen, dass man große Unternehmungen unbedingt allein angehen musste! Jetzt hatte er den Salat! Die berühmte Blutekel saugte ihn aus bis aufs Mark.

Nun rückten auch grölende Jugendliche an, bewaffnet mit Handys, iPods, iPhones und anderen digitalen Dummheiten. Sie bauten sich vor dem brütenden Wolf auf und hörten gar nicht mehr auf, ihn zu fotografieren und zu filmen. Dann tauschten sie die pikanten Aufnahmen übers Internet aus. Ein ganz besonders Schlauer stellte alles bei Youtube ein. Was für ein Anblick! Wenn man auf »Erwachsene, die sich um den Verstand gesoffen haben« klickte und anschließend auf »bescheuerte Wölfe« kam der Film, der ihn dabei zeigte, wie er im Schneidersitz auf seinen Eiern saß und in die Ferne sah.

Innerhalb weniger Stunden wusste die ganze Welt über den Wolf Bescheid. Und auch, dass er, ein Philosophieprofessor, seit Tagen mitten auf einer Wiese saß und Eier ausbrütete.

Die feministischen Gänse waren begeistert. Sie machten sich fein, holten ihre langen geblümten Röcke, ihre Clogs und jene exotischen Zelte hervor, mit denen sie gern Schultern, Hals oder Hüften bedeckten. In jeder Stadt organisierten sie Jubelfeiern und hielten bunte Transparente hoch, auf denen stand:

WIR HABEN GESIEGT!
DAS PATRIARCHAT SITZT AUF EIERN,
DAS MÜSSEN WIR FEIERN!

Auf der ganzen Welt wurde wie wild geschnattert und mit den Flügeln geflattert. Aber nach einer breiten Diskussion teilten sich die internationalen Gänse-Feministinnen in zwei Fraktionen: Einige glaubten weiterhin, dass ein brütender Mann den lang ersehnten Sieg des Feminismus bedeutete. Andere dagegen sahen sich ihrer ureigensten Weiblichkeit beraubt, die schließlich im Brüten besteht. Sie protestierten, organisierten ihrerseits Demonstrationen und hielten jede Menge Transparente hoch mit der Aufschrift:

MEIN EI GEHÖRT MIR!

Und so gab es auf der Welt einen Wald aus Transparenten, die sich alle irgendwie widersprachen. Doch wurden sie alle gleichermaßen in den freien Himmel gereckt. Als die Gänse der beiden feindlichen Fraktionen aufeinandertrafen, fand das gewaltfrei statt, ging deshalb aber kein bisschen friedlicher ab, da die Gänse ununterbrochen aus vollem Hals schrien und überaus gereizt aufeinander reagierten.

Von alldem nichts ahnend, traf gegen Abend Richmond ein, wie immer seine Bank im Schlepptau, um ein Schwätzchen mit dem Wolf zu halten. Er sah die Fernsehteams mit ihren vielen Geräten, Kulissen, Kameras, Mikrofonen, Masken und Maskenbildnern. Er war ganz aus dem Häuschen vor Freude: »Herr Wolf, hier wird ein Film gedreht!«

Der Wolf brachte es nicht übers Herz, ihm die Wahrheit zu sagen, zumal der Igel sich für den Hauptdarsteller hielt. Deswegen sagte er lieber gar nichts, während Richmond sich auf der Bank in Pose begab. »Wusst' ich's doch, dass eine Bank immer praktisch ist...«, schwärmte er.

Er setzte sich, stand wieder auf, drehte sich um die eigene Achse, setzte sich erneut, machte Grimassen, Pirouetten, ein großes Getue, Ansprachen und Luftsprünge.

»Man dreht einen Film über mich, Herr Wolf, endlich! Man dreht einen Film über mich...«

Beim Gedanken an eine Torte

Doch am nächsten Morgen verschwanden die Fernsehteams plötzlich. Innerhalb kürzester Zeit bauten die Kameraleute Kameras, Giraffen, Wagen und Scheinwerfer ab, luden alles auf einen Lastwagen, einschließlich der Blutekel, die inzwischen abgeschminkt und abgetakelt war wie eine Amöbe. Ohne sich zu verabschieden, brausten sie davon und hinterließen nichts als eine riesige Rauchwolke sowie den Wolf und Richmond, die das hektische Treiben wie versteinert verfolgt hatten.

Es war nun mal so, dass der brütende Wolf eine unbedeutende Nachricht von gestern geworden war, und daher lohnte es sich nicht mehr, Filmaufnahmen oder Interviews zu machen. Die Redaktion hatte in der Zwischenzeit von einer gewissen Lady Fox eine brandneue Nachricht erhalten:

Junges Chamäleon gibt sich als Frosch aus und vernichtet die Kaulquappen im Teich. Hunderte von Toten, Tausende von Verletzten.

Man musste also dieses einfallsreiche Chamäleon interviewen und es fragen, wie es ihm gelungen war, sich als Frosch auszugeben, so grün zu werden, so ein breites Maul zu bekommen und so weit springen zu können. Deshalb hatten die Teams innerhalb von drei Minuten alles zusammengepackt und sich in eine Rauchwolke aufgelöst: So funktioniert Fernsehen nun mal! So sieht das aufregende Leben von Menschen aus, die fürs Fernsehen arbeiten!

Richmond war schwer enttäuscht. Man hatte weder einen Film über ihn gedreht, noch war er der Hauptdarsteller gewesen, und seine Bank stand wenige Schritte von ihm entfernt unnütz herum.

Er beschloss, gleich nach Hause zurückzukehren, ohne zu warten, bis es Abend würde. Nur er und seine Bank, um die Enttäuschung mithilfe einer gesunden, einsamen Nachtruhe zu verarbeiten.

An jenem Abend blieb der Wolf also ohne den Igel allein zurück. Und somit auch ohne Abendessen.

Er hatte nicht vor, etwas zu schreiben, er war ausgehungert und traurig. Er dachte an seine Ente in der Ferne, die keine Ahnung von den schrecklichen Abenteuern hatte, die er erlebt hatte. Er dachte daran, wie sie ihn getröstet hätte und wie entzückend sie aussah, vor allem nach ihrem allabendlichen Bad.

Er hüllte sich in Gedanken an sie, bis sie ihm kaum noch Luft zum Atmen ließen und er sich eingeschnürt fühlte wie eine Salami!

Er bekam nicht wenig Lust, auszugehen. Er beschloss, sich nach der ganzen Aufregung einen Restaurantbesuch zu gönnen, die Eier wollte er natürlich mitnehmen. Er entschied sich für ein nahe gelegenes Lokal, damit er es nicht so weit hätte und die Eier nicht allzu großen Erschütterungen ausgesetzt wären.

Er bat um einen Zweiertisch und legte die Eier vor sich auf die Tischdecke. So wurden sie mehr oder weniger zu seinen Tischgenossen, woraufhin er irgendwann sogar das Weinglas hob und ihnen zuprostete: »Auf euch, meine lieben Eier!«

Er bestellte ein Zicklein aus dem Ofen und Lasagne. Zum Nachtisch ließ er sich ein schönes Stück Schokoladentorte bringen.

Als er zu seinem Standort zurückkehrte, war Vollmond, und ihm wurde ganz wehmütig zumute. Er legte die Eier an ihren Platz, umgab sie mit Luftballons, setzte sich darauf und bekam plötzlich wieder Lust, zu schreiben. Er nahm ein Blatt und den Kugelschreiber und brachte einen Satz nach dem anderen zu Papier. Wenn man schreiben will, gibt es nichts Besseres als eine Vollmondnacht, bei der einem ganz wehmütig zumute wird.

Er dachte an das Buch, das er Blatt für Blatt zusammenstellte. Es gefiel ihm so sehr, dass er sich vor dem Ende fürchtete. Er wusste natürlich, dass es irgendwann zu Ende wäre, genauso wie das Brüten. Und er wusste auch, dass er dann unendlich traurig wäre. Er dachte, dass Schreiben im Grunde wie Brüten ist: Wenn man schreibt, ist man in Gedanken versunken und hört nicht auf, bis jeder Gedanke ausgebrütet ist.

Als Nächstes musste er aus irgendeinem Grund an eine Torte denken. Er hatte sozusagen einen Tortengedanken. Vielleicht, weil er soeben ein köstliches Stück Schokoladentorte gegessen hatte: Der Gedanke an das Buch mischte sich mit dem Gedanken an die Torte und ergab eine einzige verführerische Mischung. Es geschieht oft, dass Gedanken beim Essen entstehen, aus einer Pestolasagne oder einem Spinatauflauf. Das wusste der Wolf, denn als Philosoph hatte er sich mit Feuerbach beschäftigt, der sagt: »Der Mensch ist, was er isst.« Und der Wolf erst recht!, dachte der Wolf.

Ein Buch, das man zu Ende geschrieben hat und das veröffentlicht wird, stirbt. Es ist ein totes Buch.

Jede Geburt trägt den Tod bereits in sich.

Auch eine Torte, die fertig aus dem Ofen genommen wird, ist tot. Am schönsten ist es, zuzusehen, wie sie im Ofen aufgeht und eine goldbraune Kruste bekommt.

Ich weiß noch, wie mir Oma Adler sagte, als ich klein war: Weil du so brav warst, backe ich dir heute eine Torte.

Es war nicht meine richtige Oma, sondern eine Adlerin! Aber für sie war ich ein richtiger Enkel. Ich blieb in der Küche und sah zu, wie sie den Teig knetete. Dann stellte ich mich vor den Ofen und sah zu, wie die Torte aufging, zu einem richtigen Berg anwuchs. Ich dachte: Wer sie wohl von innen aufpustet?

Währenddessen duftete es in der ganzen Küche nach Torte. Das war der schönste Moment meines Lebens. Dann klingelte der Küchenwecker. Um sich nicht zu verbrennen, eilte meine Oma mit den Ofenhandschuhen herbei, um die Torte herauszunehmen. Dann stellte sie sie zum Abkühlen auf ein Kuchengitter.

Was ist ein Wecker nur für ein scheußliches Ding! Sie war fertig. Tot. Und ich war sehr traurig.

Etwas fertigstellen ist deutlich besser als fertig sein.

Die Klugschleier

Nach dem bösen Streich der Lady Fox war der Wolf sehr auf der Hut. Wenn er schrieb, schielte er mit einem Auge auf sein Blatt, mit dem anderen in Richtung Straße.

Schon eine ganze Weile hörte er ein merkwürdiges Gemurmel in der Dunkelheit, das sich zu einem unheimlichen Konzert aus schrillen Klagelauten steigerte.

Doch er brütete und schrieb wie gewohnt weiter.

Auch indem man Dingen, Personen, Orten und Kindern Namen gibt, grenzt man sie ein, definiert sie: Man macht ihnen ein Ende, tötet sie!

Namenlos wären sie unendlich.

Deshalb habe ich meiner Ente nie einen Namen gegeben ...

Er brütete und schrieb, war aber irgendwie unruhig. Die Nächte wurden immer unheimlicher.

In einer besonders unheimlichen Nacht – er schlummerte gerade unruhig bei den Eiern, nachdem er brav seine zwei, drei Seiten über die metaphysische Bedeutung des Wartens geschrieben hatte – wurde er plötzlich durch etwas geblendet, das weiß im dunklen Wald aufleuchtete. Erst dachte er, es wäre der Mondschein. Aber nein, es war ein großer Fleck, der näher kam. Eine Art weißliche Wolke, in der es merkwürdig metallisch funkelte.

Die Wolke blieb stehen, und er rieb sich die Augen. Dabei erkannte er, dass es sich um Hunderte weißer Gespenster handelte, die Speere und Schwerter zückten und ihn mit ihren schwarzen bösen Augen durchbohrten.

Gespenster?, fragte er sich entsetzt. Er stand auf und trat trotz seiner Angst näher. Nein, es handelte sich um bis an die Zähne bewaffnete Schleiereulen, die lange weiße Gewänder trugen. Sie waren nur wenige Meter vor ihm stehen geblieben und schrien und krächzten bedrohlich.

Die größte Schleiereule trug einen riesigen, federbewehrten Hut. Sie trat vor, hob das funkelnde Schwert und schrie: »Auf zum Angriff!« Dann rannte sie los, wobei ihr Hunderte von schreienden Schleiereulen folgten. Es war ein ganzes Heer von Schleiereulen, die sich nun auf den armen Wolf zu stürzen drohten. Der stellte sich ihnen in den Weg und winkte in Ermangelung einer weißen Fahne mit seinem Taschentuch. Dann fragte er: »Wer seid ihr?«

»Wir sind das Heer der Klugschleier.«

Davon hatte der Wolf schon oft gehört. Das Volk der Klugschleier war sehr berühmt, nicht zuletzt, weil es keine Gelegenheit ausließ, zu allem Möglichen seine Meinung zu äußern.

Doch bevor verraten wird, wie diese Nacht zu Ende ging, muss man erst wissen, wie das Volk der Klugschleier lebte.

Die alten männlichen Schleiereulen schliefen den ganzen Tag in ihren Höhlen, entweder in der Erde oder in einem kühlen, schattigen hohlen Baum. Die alten Klugschleierweiber dagegen, die den lieben langen Tag nichts zu tun hatten, schlugen die Zeit mit Handarbeit, Teetrinken und Klatschzeitschriftenlesen tot, wobei sie die neuesten Nachrichten sofort kommentierten. Hast du das schon gesehen? Und das? Und was sagst du dazu? Was denkst du darüber? Und so weiter und so fort, bis zum Sonnenuntergang, wenn sie sich endlich für den Abend umzogen, Schleier und Schmuck anlegten, um mit ihren altehrwürdigen Ehemännern auszufliegen und zwischen den Zweigen saftige Insekten bei Kerzenlicht zu verspeisen.

In diesen Tagen hatten die Klugschleier aus der Zeitung vom brütenden Wolf erfahren und waren entsetzt. Wie bitte? Ein Wolf, der brütet? Wo kommen wir denn da hin! Wo ist sie nur hin, die gute alte Zeit? Wo sind sie hin, die guten Manieren ... Vor allem Sebastiana, die größte Klugschleierin von allen, kriegte sich kaum mehr ein vor lauter Entrüstung und zeterte laut: Der soll was erleben! Das kann man unmöglich zulassen! Gegen diesen Verfall der Sitten muss dringend etwas unternommen werden!

Sie behauptete, ein brütender Wolf sei wider die Natur. Er stelle sämtliche Moralvorstellungen auf den Kopf und müsse deshalb bekämpft werden. Und da Sebastiana großen Einfluss auf die anderen Schleiereulen hatte, da sie die älteste und kämpferischste war, stellten sie innerhalb kürzester Zeit die Operation »Heute beim Abendessen« auf die Beine. Und die ging so: Beim Abendessen sollte jede von ihnen ihren Mann dahingehend aufhetzen, dass er versprach, etwas gegen diese moralische Verfehlung, sprich gegen den brütenden Wolf, zu unternehmen.

Der Plan ging auf, nicht zuletzt, weil die Schleiereulenmänner gefräßige Schlappschwänze waren, die, um den behaglichen Nestfrieden nicht zu gefährden, einfältig schluckten, was ihnen ihre Frauen so vorsetzten.

Und so hatten sie sich in jener Nacht bewaffnet und waren gegen den Wolf ins Feld gezogen. Der fragte sie: »Aber warum seid ihr bewaffnet?«

»Weil wir ein Heer sind. Eine Armee von Klugschleiern.«

Stimmt, auch davon hatte der Wolf schon gehört. Trotzdem hakte er nach: »Wollt ihr mir den Krieg erklären?«

»Neeeeeiiiiiiiin!«

»Ach was!«

»Nicht einmal im Traum fiele uns so etwas ein!«

»Und was wollt ihr dann?«, fragte der Wolf.

»Dir als brave Klugschleier unsere Meinung sagen.«

»Und die wäre?«

»Dass ein Wolf nicht brüten darf, niemals!«

»Aha«, sagte der Wolf. »Verstehe.«

»Du hörst also auf, zu brüten?«

»Nein. Ich sagte nur ›verstehe‹, damit ihr wisst, dass ich eure Meinung zur Kenntnis genommen habe.«

»Du wirst trotzdem weiterbrüten?«

»Ich werde brüten.«

»Also irrst du.«

»Dann irre ich mich eben.«

»Genau das wollten wir dir klarmachen: dass du dich irrst, während wir richtigliegen.«

»Gut, jetzt habt ihr es mir klargemacht.«

»Gut, jetzt haben wir es ihm klargemacht«, tuschelten die Klugschleier. »Gehen wir.«

»Gehen wir.«

»Ciao.«

»Ciao.«

Als die Klugschleier ihren Frauen am nächsten Tag erzählten, wie es gelaufen war, war die Hölle los: Was seid ihr nur für Weichlinge und Versager! Hätten wir euch bloß nie geheiratet und unsere Jugend für euch geopfert! Die Verwünschungen nahmen kein Ende.

Um ihre Ehen zu retten, kehrten die Klugschleier in der Nacht darauf schwerer bewaffnet denn je zum Wolf zurück. Diesmal fesselten sie ihn an einen Baum, fuchtelten mit den Schwertern vor ihm herum, umzingelten ihn, während sie furchterregende Laute von sich gaben, ein bisschen so wie Rothäute, wenn sie einen Cowboy gefangen nehmen und ihn »Hugh, hugh!« schreiend bedrohlich umtanzen.

»Tut uns leid, aber wir müssen dich gefangen nehmen.«

»Bitte sehr, nur zu«, sagte der Wolf, der sehr tolerant war. »Es ist nur so, dass ...«

»Dass was?«

»Dass da noch die Eier sind.«

»Ja und?«

»Sie müssen ausgebrütet werden!«

Stimmt, Eier müssen ständig bebrütet werden, vor allem nachts, wenn es kühler wird. Und wie sollte der Wolf sie bebrüten, wenn er an einen Baum gefesselt war? Das war ein ernsthaftes Problem.

Die Klugschleier setzten ihren Indianertanz so lange fort, bis einer von ihnen, ein alter, hagerer Klugschleier, Mitleid mit den armen Eiern bekam und sie bebrütete. Er setzte sich vorsichtig darauf, aber seine Brutfläche war nicht groß genug, um drei Eier zu bedecken. Sie reichte nur für ein einziges Ei.

Zum Glück boten sich zwei weitere dienstbare Klugschleier an, die schüchtern gestanden, auch brüten zu wollen. Und so begannen drei Klugschleier zu brüten, jeder auf einem Ei. Wären sie Kuckucke gewesen, hätte man die Szene mit folgendem altem Volkslied unterlegen können:

Auf einem Ei ein Kuckuck,
simsalabimbambaseladuseladim,
auf einem Ei ein Kuckuck saß.
Da kam ein junger Jäger,
simsalabimbambaseladuseladim,
da kam ein junger Jägersmann.
Der schoss den armen Kuckuck,
simsalabimbambaseladuseladim,
der schoss den armen Kuckuck tot.
Und als ein Jahr vergangen,
simsalabimbambaseladuseladim,
und als ein Jahr vergangen war.

Da war der Kuckuck wieder,
simsalabimbambaseladuseladim,
da war der Kuckuck wieder da.

Aber sie waren nun mal keine Kuckucke.

Da staunten die übrig gebliebenen, also nicht brütenden Klugschleier und sahen bewundernd, ehrfürchtig und voller Neid zu.

Wenn man erklären müsste, warum die klugscheißerischen Klugschleier das plötzliche Bedürfnis überkam, zu brüten, wäre man aufgeschmissen. Oder könnte gleich zwei Hypothesen auf einmal aufstellen: Erstens ist schon der Akt des Brütens an sich unwiderstehlich. Und zweitens wollten die Klugschleier vielleicht wenigstens einmal im Leben ausprobieren, wie es sich anfühlt, zu irren und etwas völlig Irres tun.

Und so brüteten sie abwechselnd die ganze Nacht. Bei Sonnenaufgang bedankten sie sich ausgiebig beim Wolf, lösten seine Fesseln und baten ihn inständig, niemandem etwas davon zu sagen, dass sie, die Klugschleier, gebrütet hatten. Denn wenn das ihre klugscheißerischen Klugschleierehefrauen erführen, wäre die Hölle los!

Der Wolf versprach es ihnen. Aber die Klugschleierinnen erfuhren es trotzdem. Denn wie heißt es so schön? »Das Gerücht ist blind, läuft aber schneller als der Wind.« Und zwar auch bis zu den Klugschleierinnen. Vor allem die Schleiereule Sebastiana war außer sich. Sie baute sich vor dem Nest auf und schrie aus voller Kehle: »Ich fass es nicht! Unsere Männer! Wir müssen sie bestrafen!«

Und so weiter und so fort. Sie führte sich dermaßen auf, dass sie die anderen überzeugte: Sämtliche Schleiereulen beschlossen, sich scheiden zu lassen.

»Ja, genau, lassen wir uns scheiden!«

»Wie schön, ich lasse mich auch scheiden!«

»Absolut!«

»Unbedingt!«

»Richtig!«

Leider gab es da ein kleines Problem: Als brave Klugschleierinnen durften sie sich nicht scheiden lassen, da eine Scheidung all ihren Überzeugungen widersprochen hätte.

Also blieben sie bei ihren Klugschleiermännern.

Sie ergriffen nur eine kleine Vorsichtsmaßnahme: Sie setzten sie jeden Abend nach Sonnenuntergang hinter Schloss und Riegel, damit sie nicht zum Wolf zurückkehren und weiterbrüten konnten.

Damit war das Problem glücklich gelöst.

Der kleine Klugschleier

Ein kleiner Schleiereulerich aus der Armee der klugscheißerischen Klugschleier wollte sich jedoch nicht in dieses Schicksal fügen. Seine Kumpane waren nach Hause zurückgekehrt, aber er nicht. Er hatte sich versteckt und war in der nächsten Nacht heimlich, still und leise zurückgekehrt, um zu brüten.

Nichts konnte ihn davon abbringen. Der Wolf bat

ihn höflich, ihm die Eier zurückzugeben, aber der Eulerich sah ihn flehentlich an. Er wollte brüten. Endlich wisse er, worin seine Lebensaufgabe bestehe, sagte er. Er wolle nichts anderes mehr tun außer brüten. Er sagte: »Ich habe zu mir selbst gefunden.«

Ach du meine Güte, was für ein unreifes Geschwätz!, dachte der Wolf, der viel über dieses Thema gelesen hatte. Jugendliche sind wirklich so, wie sie die Wissenschaftler beschreiben: eine verirrte Generation, die emotional instabil ist, dringend Anleitung braucht, demotiviert ist, prekär lebt und sich mit traurigen Gedanken herumträgt. Ein Eulerich, der mir meine Eier wegnimmt, um sie seinerseits auszubrüten, pah … Was es nicht alles gibt!

»Na gut«, sagte der Wolf. »Es freut mich, dass du zu dir selbst gefunden hast, aber wenn es dir nichts ausmacht, gib mir doch bitte meine Eier zurück.«

Es machte ihm aber etwas aus. Er machte ein so jämmerliches Gesicht, dass der Wolf Mitleid mit ihm bekam, ihn unterhakte und auf einen Waldspaziergang mitnahm. Der junge Eulerich erzählte ihm von seinem Leben, sagte, er habe keinerlei Freunde, niemanden, der ihn in die Pizzeria oder Disco einlade. Und das alles nur, weil er gerne las.

»Aber dann ist doch alles klar! Du bist nur am falschen Ort!«, rief der Wolf aus.

»Wie, am falschen Ort?«

»Du musst nicht in die Pizzeria oder die Disco gehen, sondern in die Bibliothek.«

»In die Bibliothek? Warum? Gibt es denn dort Eier?«

»Nein, aber Bücher«, sagte der Wolf, verzweifelt bemüht, ernst zu bleiben. »Aber im Grunde ist das ein und dasselbe.«

»Bücher werden ausgebrütet?«, fragte der kleine verwirrte Klugschleierich neugierig.

»Ja.«

Und dann erzählte ihm der Wolf von jenem fantastischen Ort, der Bibliothek heißt. Ein Ort voller Bücher und Stille, voller Leute, die man kaum bemerkt, die allerdings trotzdem da sind, ohne einen zu stören, einem aber dafür Gesellschaft leisten. Damit man sich allein, aber nicht einsam fühlt. Und das ist die beste Voraussetzung fürs Lernen, Schreiben und Nachdenken, mit anderen Worten: fürs Brüten.

Der Wolf riet ihm, seine Studien weiterzuverfolgen, denn das sei seine Lebensaufgabe, nicht die Eier anderer Leute auszubrüten. Der kleine Klugschleierich bedankte sich ausgiebig beim Wolf, den er Meister Wolf nannte. Denn Jugendliche haben bekanntlich ein derart großes Bedürfnis danach, von erfahrenen Meistern angeleitet zu werden, dass sie sofort glauben, einen vor sich zu haben, sobald sie jemandem begegnen, der etwas Vernünftiges von sich gibt.

An jenem Abend ging der Wolf in dem beruhigenden Bewusstsein schlafen, dass er einem jungen Lebewesen den Weg gewiesen hatte und somit ein Meister war: Denn die Erwachsenen haben bekanntlich ein derart großes Bedürfnis danach, andere anzuleiten, dass sie sich sofort für einen Meister halten, sobald sie etwas

Vernünftiges von sich geben. Dabei kamen ihm tief-schürfende Gedanken, die er sofort aufschreiben musste:

Auch Lernen bedeutet Brüten.

Man braucht nur eine Bibliothek zu betreten, um das zu bemerken: Dort brüten alle. Sie sitzen über ihre Bücher gebeugt und warten.

Sie warten, bis sich die Bücher in ihnen verwandeln.

Wenn man will, kann man das auch in einem Klassen- oder eigenem Zimmer machen, auf dem Sofa oder am Schreibtisch.

Ja sogar auf dem Teppich.

Auf dem blauen Teppich, so wie meine Ente.

VIERTES KAPITEL,
in dem der Wolf den Eiern in Begleitung
des Igels die Welt zeigt

.

Ein aufblasbarer Rucksack

Nachdem sich der von Lady Fox angerichtete Radau
mit den Fernsehteams und Schleiereulen gelegt hatte
und das Grasland wieder ein stiller, einsamer Ort war,
begann der Wolf erneut in aller Ruhe zu brüten. Er
unterbrach seine Tätigkeit nur kurz, um etwas zu Mittag oder zu Abend zu essen oder sich zum Igel auf
die Bank zu setzen und ein kleines Schwätzchen zu
halten. Aber irgendwann wurde er unruhig: »Wenn ich
mich nicht irre«, vertraute er seinem Freund an, »lernen meine Eier nicht das Geringste!«

»Wie meinen Sie das, Herr Wolf?«, wollte der Igel
wissen, der nicht begriff, was Eier lernen sollen.

»Sie sehen nichts von der Welt, sie sehen nicht, wie
sie beschaffen ist, sie wissen nicht, wer befiehlt und wer
gehorcht, was schön ist und was hässlich ... Sie sind
einfach zu verschlossen, finden Sie nicht?«

Der Igel kratzte sich die Stacheln am Kopf: »Wenn
ich mich nicht irre, sind Eier Eier, Herr Wolf!«

Daraufhin kratzte sich der Wolf seinerseits seine paar
Haare am Kopf: »Ja, aber ich möchte nicht, dass meine
Eier zu wirklichkeitsfern, zu abstrakt werden ...«

Abstrakte Eier? Der Igel wusste nicht, wie er die
Vorstellung von etwas Abstraktem mit etwas so Simp-
lem wie Eiern in Zusammenhang bringen sollte, zog es
aber vor, zu schweigen.

»Können Sie sich vorstellen, dass meine Eier bisher bloß Boot gefahren sind? Sie kennen nur das Meer. Und was ist mit der Erde? Dem Himmel? Die Welt ist dreigeteilt, und sie kennen gerade mal einen dieser Teile, begreifen Sie das, Herr Richmond?«

»Ja … schon. Aber Sie müssen auch bedenken, dass ihnen ihre Mutter den Himmel zeigen wird, sprich Ihre Frau, die immerhin eine Ente ist und als solche …«

»Natürlich wird meine Frau unseren Kindern den Himmel zeigen. Aber die Erde ist eindeutig Sache von uns Vätern, den Wölfen, finden Sie nicht? Ich als Vater darf auf keinen Fall zulassen, dass meine Kinder nichts von der Erde wissen!«

»Aber bitte bedenken Sie auch, Herr Wolf, dass Ihre Eier nur Eier sind … Damit meine ich, dass sie noch genug Zeit haben, etwas über das Leben zu lernen, wenn sie größer werden«, wandte der Igel tapfer ein, der eher langfristig dachte. Erst jetzt, als alter Herr, hatte er das Gefühl, ein kleines bisschen vom Leben zu verstehen. »Sie werden sehen, Herr Wolf, dass auch Ihre Eier, wenn sie einmal in Rente gehen, wissen, wie die Welt beschaffen ist. Wenn man erst mal in Rente ist, wissen Sie, hat man viel Zeit, da sieht man die Dinge gelassener … Als Ei jedoch, wenn man es kaum erwarten kann, dass die Schale bricht …«

Es war komplett sinnlos. Der Wolf rutschte unruhig auf den Eiern herum, als säße er auf einem Korb mit Kaktusfeigen. Und wenn er sich so verhielt, war er eindeutig unruhig. Das wusste auch der Igel, denn es war wie im Kino, wenn einen der Film langweilt und man unruhig auf dem Kinosessel herumrutscht, als hätte man Hummeln im Hintern.

»Ich möchte weiterkommen«, sagte der Wolf schließlich. »Ich möchte meinen Kindern die Welt zeigen, noch bevor sie zur Welt kommen. Sind sie dann einmal auf der Welt, brauchen sie sie nur noch wiederzuerkennen. Stellen Sie sich doch nur vor, wie großartig das wäre, Herr Richmond! Man schlüpft aus dem Ei, sieht beispielsweise einen Elefanten und sagt: ›Ja klar, ein Elefant, den habe ich schon mal gesehen.‹ Was meinen Sie?«

»Sie wollen also nach Elefanten Ausschau halten, Herr Wolf?«

»Kann sein, Herr Richmond, kann sein … Ich will die Welt kennenlernen, zusammen mit meinen Eiern!«

»Aber … aber die ganze Welt? Ist sie nicht ein wenig zu groß dafür?«, wandte der arme Igel ein.

Vergebens. Der Wolf hatte seine Eier bereits eingesammelt, hielt sie, so gut er konnte, im Arm und ging tiefer in den Wald hinein.

»Herr Wolf, so warten Sie doch! So können Sie die Eier nicht mitnehmen, sie werden Ihnen runterfallen!«

Bei diesen Worten rammte der Wolf die Krallen in den Boden, drehte sich alarmiert um und fragte: »Wirklich? Glauben Sie?«

Auf keinen Fall durfte der Wolf das Risiko eingehen, das ihm sein Freund prophezeite: Er war für seine Eier verantwortlich, er konnte nicht mehr einfach so nach Lust und Laune seine Sachen packen und losziehen. Also fragte er den Igel, welches Fortbewegungsmittel er ihm empfehle, und zwar eines, das auch für seine Eier sicher und bequem genug wäre.

»Einen Rucksack!«, sagte der Igel.

»Meinen Sie einen Rucksack mit Rädern oder einen mit Flügeln?«, fragte der Wolf, der den Rucksack nicht recht in die Fortbewegungsmittel einordnen konnte, die er in welche zu Luft und also mit Flügeln oder in welche zu Land und also mit Rädern unterschied.

Der weise alte Igel öffnete die Thermoskanne, die er von zu Hause mitgebracht hatte, breitete eine kleine Decke auf der Wiese aus, stellte zwei Tässchen darauf und sagte zum Wolf: »Was halten Sie von einer Organisationspause?«

Als sie erst einmal auf der Picknickdecke saßen, schenkte er sich und dem Wolf dampfenden Kaffee ein und erklärte ihm, was er vorhatte: »Ich werde einen aufblasbaren Rucksack konstruieren«, sagte er. »Sie wissen schon, um die Erschütterungen abzufedern ...«

»Die Erschütterungen des Lebens?«

»Nein, die Erschütterungen unterwegs, die Stöße aufgrund von Schlaglöchern ...«

»Ah, verstehe. Sie meinen eine Art Rucksackballon!«

Und genau das schenkte der Igel dem Wolf wenige Stunden später: eine Art Luftballon mit einer Öffnung, in die man die Eier hineinlegen konnte, und mit zwei Gurten zum Umhängen.

»Fantastisch, Herr Richmond! Und Sie glauben, für

die Eier besteht kein Unterschied darin, im Rucksack herumgetragen oder von mir bebrütet zu werden?«

»Ganz genau, Herr Wolf.«

»Sie behaupten also, dass zwischen dem Rucksack und mir kein Unterschied besteht? Dass ein aufblasbarer Rucksack in Form eines Luftballons und ein einsamer Wolf ein und dasselbe sind?«

»Nein, Herr Wolf, was reden Sie denn da? Darauf wollte ich nicht im Geringsten hinaus! Ich wollte Ihnen nur sagen, dass ich unter strikt thermischen Aspekten ein geschlossenes System entwickelt habe, das in den Wänden des Rucksacks einen einheitlich warmen Luftstrom zirkulieren lässt, damit die Eier ständig von der gleichen angenehmen Temperatur umgeben sind, wie Sie sie ihnen beim Brüten spenden.«

»Genial!«, sagte der Wolf. Er brachte jedes Ei an seinem Platz im Eierrucksack unter, hängte ihn sich um und lief los.

Vor lauter Aufregung hatte er sich beim Igel gar nicht für die Hilfe bedankt. Ja er hatte ihn nicht einmal gebeten, ihn auf seiner Reise zu begleiten. Er hatte vergessen, ihn dazu einzuladen. Was für ein unverzeihliches Versäumnis! Als ihm das nach einigen Hundert Metern bewusst wurde, kehrte er um und sah, dass der Igel wie erstarrt war vor lauter Trauer. Seine Stacheln waren enger angelegt denn je, die Augen tränennass, Letztere sahen aus wie ein gefrorener See.

»Aber was tun Sie denn da, Herr Richmond, weinen Sie?«

»Nein, nein …«, log der arme Igel. »Ich glaube, ich habe mich erkältet …«

»Los, kommen Sie!«, sagte der Wolf, der bereits begriffen hatte. »Nehmen Sie ein Aspirin und folgen Sie uns. Ich möchte unsere Abreise nicht weiter hinauszögern!«

Das ließ sich der Igel nicht zweimal sagen. Er trocknete seine Tränen und packte schleunigst seine Siebensachen, einschließlich seines Campinggaskochers und eines Topfes. Er stopfte alles in seine Reisetasche und folgte der fröhlichen Reisegesellschaft.

Nach einigen Hundert Metern merkte der Wolf, dass der Igel nicht mehr neben ihm herlief, sondern weit zurückgefallen war und sich schnaufend dahinschleppte. Er schaffte es einfach nicht. Seine kurzen Beinchen konnten mit den langen Schritten des Wolfs nicht mithalten.

Also mussten sie einen kleinen Abstecher in die Stadt machen. Der Wolf führte den Igel ins beste Fahrradgeschäft am Platz und schenkte ihm ein kleines Mountainbike mit verchromtem Lenker, sechs Gängen und zwei Rückspiegeln.

»So müssen Sie sich nicht so anstrengen, Herr Richmond.«

Der Igel wurde puterrot und gab einen Schwall von Dankesworten von sich. Das sei doch nicht nötig, das hätte doch nicht sein müssen, noch nie hätte ihm jemand so ein großzügiges Geschenk gemacht, wie solle er sich jemals dafür revanchieren …

Sie brachen auf. Aber nach wenigen Hundert Metern merkte der Wolf erneut, dass der Igel nicht mehr an seiner Seite war. Er kehrte um und fand ihn rücklings auf dem Boden liegend vor, wie einen Mechaniker, der auf dem Boden seiner Werkstatt liegt und Autos repariert. Er machte sich an einem Seil unter der Bank zu schaffen.

»Was zum Teufel tun Sie da?«

»Ich versuche, eine Methode zu finden, wie ich die Bank mitnehmen kann, Herr Wolf. Ich wollte sie am Fahrrad festbinden, was meinen Sie?«

»Ich meine, dass man sich entscheiden muss im Leben«, sagte der Wolf barsch. »Entweder man bleibt, oder man bricht auf: entweder das Fahrrad oder die Bank.«

Also stieg der Igel wieder aufs Rad und genoss es, hinter dem Wolf herzustrampeln. Aber er war auch ein wenig traurig, seine heiß geliebte Bank zurücklassen zu müssen. Bevor er aufbrach, streichelte er ausgiebig ihre grünen Bretter und flüsterte ihr zu, sie brauche sich keine Sorgen zu machen, er werde bald zurückkehren.

Insgeheim dachte er jedoch, dass es oft schöner wäre im Leben, wenn man sich nicht entscheiden müsste.

Jagdlektionen

»Wohin soll's gehen, Herr Wolf?«, fragte der Igel.

Sie reisten schweigend, der Wolf mit großen Schritten vorneweg, der Igel hinterher. Er versuchte dazuzulernen und die Gänge zu wechseln, je nachdem ob die Straße anstieg oder in der Ebene verlief.

»Wir gehen einfach, Herr Richmond«, entgegnete der Wolf barsch, dem vor lauter Denken der Kopf schwirrte. Er wollte seinen zukünftigen Kindern die Welt zeigen, das schon, aber wie? Er hätte die Eier gern mit in die Stadt genommen, in die Bar und in die Bibliothek zum Beispiel. Oder für einen Nachmittag mit in eine Buchhandlung, damit sie in den neuesten Bestsellern der internationalen Philosophie blättern konnten. Das war seine Welt.

Aber ging das überhaupt? Er brütete, um ein weniger wirklichkeitsfernes Leben zu führen, nur um seine Eier dann einem Umfeld aus lauter Büchern auszusetzen? Nie im Leben! Das wäre ein Riesenfehler.

Er musste seine Kinder in die wirkliche Welt bringen, um sie auf ein konkretes Leben als Wölfe vorzubereiten. Deshalb hatte er sich logischerweise in Richtung Wald gewandt. Und jetzt marschierte er schnell und mit finsterem Blick vorneweg und fragte sich, was er ihnen nur von einer Welt zeigen sollte, in der es keine Bibliotheken, sondern nur Bäume gab, Höhlen und Tiere, die man reißen konnte.

Gegen Abend erreichten sie eine Grotte. Der Igel stellte den Topf aufs Feuer, um eine gute Minestrone zu kochen, und der Wolf holte die Eier aus dem Rucksack, damit sie etwas frische Luft schnappen konnten. Danach legten sie sich schlafen. Der Wolf hatte sich so um seine Eier geringelt, dass sie nicht vom Tau durchnässt werden konnten, während sich der Igel zu einem Ball zusammengerollt hatte.

Am nächsten Morgen standen sie früh auf, da der Wolf den Sonnenaufgang sehen wollte. Das war das Erste, was er seinen Eiern von der Welt zeigen wollte, und als die Sonne aufging, sagte er: »Seht nur, liebe Kinder, der Sonnenaufgang!« Und dann, an den Igel gewandt: »Der Sonnenaufgang ist eine wunderbare erste Sache, die man seinen Kindern zeigen kann. Das war doch eine gute Idee, nicht wahr?«

Der Igel sah das genauso, es wäre sicherlich hilfreich für die Eier, wenn sie den Sonnenaufgang bereits kannten. Aber im hintersten Winkel seines schlichten Igelgehirns fand er auch, dass sie den Sonnenaufgang genauso hätten sehen können, wenn sie im Grasland geblieben wären. Sie hatten ihn ja jeden Morgen vor sich, man musste nur rechtzeitig dafür aufstehen. Aber er sagte lieber nichts, um seinen Freund, den Wolf, nicht zu verwirren.

Also bewunderten alle fünf, der Wolf, der Igel und die drei Eier, den Sonnenaufgang. Als die Sonne dann hinter einem Felsvorsprung hervorkam, begrüßten sie sie in Habachtstellung. Und der Igel empfand diesen Moment als dermaßen feierlich, dass er beinahe wieder angefangen hätte, zu weinen.

Dann begann der Wolf mit seinem morgendlichen Vortrag und erklärte den Eiern unter anderem, dass der Sonnenaufgang über dem Meer etwas anderes ist als der über dem Festland.

»Inwiefern?«, schaltete sich der Igel neugierig ein. Er wollte sich kein einziges Wort des Wolfs entgehen lassen, und um mitschreiben zu können, hatte er extra einen kleinen Notizblock mitgenommen.

»Das ist doch offensichtlich, Herr Richmond. Auf dem Meer weiß man genau, wo die Sonne aufgehen wird: über dem Meer! Deshalb muss man nichts tun, außer abwarten und den richtigen Moment erwischen. Auf dem Festland dagegen weiß man, wie wir soeben gesehen haben, nie, wo sie genau zum Vorschein kommt. Vielleicht hinter einem Berg, zwischen den Blättern eines Baumes oder über dem Dach eines Hauses: Die Sonne überrascht einen und kommt – Kuckuck! – plötzlich aus ihrem Versteck hervor. Kennen Sie das Kuckuck-Spiel, Herr Richmond?«

Der Igel nickte und fragte, ob der Wolf zufällig Lust auf ein Frühstück habe, es wäre schließlich die Zeit dafür. Er wechselte das Thema, weil er keine Ahnung vom Kuckuck-Spiel hatte: Als er klein war, hatte er keine Freunde gehabt, mit denen er spielen konnte. Er hatte sich die Zeit damit vertrieben, kleine Zweige zu Halsketten zu verflechten, die er seiner Mama schenkte, damit sie stolz auf ihn wäre. Aber sie war nie stolz auf ihn, behauptete, die Ketten würden pieken, sich in ihren Stacheln verfangen, und er solle das lieber bleiben lassen und an seine Zukunft denken.

Am besten, man dachte nicht an seine Kindheit, nahm sich der Igel vor. Er machte ein schönes Feuerchen, um Brot darüber zu rösten, und holte aus seiner Tasche ein Glas Mispelmarmelade, eine wahre Delikatesse, die er für besondere Momente aufbewahrte. Und was gab es für ihn Besondereres, als den Wolf auf seiner Entdeckungsreise durch die Welt zu begleiten?

Nach dem Frühstück brachen sie erneut auf, und als sie mehrere Stunden unterwegs gewesen waren, erreichten sie einen Wald.

Der Wald!

Der Wolf blieb stehen und hatte eine zweite Eingebung, die er gleichzeitig höchst originell fand. Und so sagte er zu den Eiern: »Das ist der Wald, liebe Kinder! Ihr müsst wissen, dass Wölfe im Wald zu Hause sind. Es gibt keinen besseren Ort, an dem man wohnen kann. Wie ihr seht, besteht ein Wald aus Bäumen und somit dort, wo die Bäume Schatten spenden, aus Schatten, aber auch aus Licht, nämlich wo die Bäume weniger werden und die Sonnenstrahlen durchlassen.«

Der Igel hörte aufmerksam zu und machte sich Notizen: »Der Wald besteht aus Bäumen« und so weiter. Was ich auf meine alten Tage noch alles lerne!, dachte er.

Aber ehrlich gesagt, dachte er auch, dass es am Rande des Graslands, also ganz in der Nähe ihres Standorts, einen wunderschönen Wald gab. Daher fragte er sich, warum sie so weit gereist waren, nur um etwas zu sehen, das sie die ganze Zeit vor der Nase gehabt hatten. Vielleicht sind die Orte in der Ferne die schönsten? Oder vielleicht ist es schön, weit zu reisen, um sie zu sehen?

Wer weiß. Der Wolf hatte unterdessen seinen Marsch

mit langen Schritten wieder aufgenommen, und in jeder Minute entdeckte er etwas Neues. Er staunte, was er seinen Eiern alles zeigen konnte: Einmal waren es die Ameisen, die eine lange Schlange bildeten, einmal die Hausdächer oder aber der Rauch, der aus den Kaminen aufstieg. Ein anderes Mal waren es eine Pferdeweide, Bisonkot, Adlernester, Rotkehlchennester, die Nase des Ameisenbärs … Ständig zeigte er in alle Richtungen. Der Wolf wunderte sich, wie einfach es doch war, Dinge zu entdecken, die er seinen zukünftigen Kindern zeigen konnte: Man musste nur draufloslaufen, und schon lagen sie einem zu Füßen, eines nach dem anderen, und zwar ohne dass man sich groß anstrengen oder das Gehirn verrenken musste. Alles ging wie von selbst, und mit jedem Schritt schien er bestätigt zu bekommen, dass er auf dem rechten Weg war, sich und seinen Eiern ein perfektes … konkretes Gespür für das Leben zu vermitteln.

Auch der Igel machte sich so seine Gedanken. Genauer gesagt, gingen ihm zwei Dinge im Kopf herum. Erstens: Was es in der Welt alles gibt! Und zweitens: Was sein Freund, der Wolf, alles wusste!

»Sie kennen sich wirklich gut in der Welt aus!«, sagte er bewundernd.

»Nun ja …«

»Aber wie haben Sie das gemacht, Herr Wolf?«

»Ich habe lange studiert, Herr Richmond, sehr viel studiert …«

Bis sie schließlich vor einem hohlen Baum standen. Der Wolf blieb abrupt stehen, als hätte er soeben etwas ganz Außergewöhnliches entdeckt: »Kinder, ein hohler Baum!«, rief er begeistert.

Aus seinem Tonfall schloss der Igel, dass es angebracht war, sich zu setzen und den Notizblock herauszuziehen. Dabei fragte er sich: Was war an einem hohlen Baum nur so außergewöhnlich? Das ist ein Baum wie alle anderen auch, nur mit einem Loch im Stamm, na und? Oder sind vielleicht ausgerechnet die banalsten Dinge die außergewöhnlichsten?

Er nahm ein leeres Blatt aus der Mappe, notierte ganz oben in Großbuchstaben die Überschrift »HOHLE BÄUME« und spitzte die Ohren.

»Ihr müsst wissen, dass hohle Bäume für uns Wölfe ein gefundenes Fressen sind«, hob der Wolf an.

Schweigen.

»Jetzt fragt ihr euch bestimmt, warum …«

»Genau, Herr Wolf, warum?«, fragte der Igel.

»Darum …«, entgegnete der Wolf deutlich verwirrt, wie ein Echo, ohne noch etwas hinzuzufügen. Deshalb glaubte der Igel, dass ihm die Worte fehlten und er ihm ein wenig auf die Sprünge helfen müsse: »Vielleicht, weil sich in hohlen Bäumen Beute versteckt, Herr Wolf?«, schlug der Igel vor.

»Aber natürlich, Herr Richmond, genau das wollte ich sagen! Jetzt wisst ihr also, liebe Kinder, dass sich in hohlen Bäumen Beute versteckt.«

Schweigen.

»Das ist ja alles gut und schön, aber welche Beute?«, fragte sich der Wolf laut. »Und was bedeutet Beute überhaupt?«

Der Igel betrachtete seine Gefährten, die Eier, und sagte verschwörerisch: »Nun, unserer Meinung nach hat Beute etwas mit der Jagd zu tun...«

»Aber natürlich, liebe Kinder! Habe ich euch schon mal von der Jagd, also von der wichtigsten Beschäftigung der Wölfe, erzählt?«

»Nein«, erwiderte der Igel, auch im Namen der Eier.

»Na gut, Kinder, ihr müsst wissen, dass der Wolf ein Jäger ist, der auf Beute Jagd macht. Und Beute ist ein Tier, auf das man Jagd machen kann. Gäbe es keine Beute, könnte der Wolf auf gar nichts Jagd machen. Aber da es Beute gibt, jagt der Wolf... jagt der Wolf... Was jagt der Wolf eigentlich? Na, was denkt ihr? Wer die Antwort weiß, hebt die Hand!«

Der Igel hob die Hand: »Zum Beispiel Wildschweine, Schafe und Rehe?«

»Ganz genau, sehr gut, Herr Richmond! Wildschweine, Schafe und Rehe sind bekanntlich Beutetiere des Wolfes. Verstanden?«

»Verstanden«, erwiderte der Igel.

»Ihr habt also verstanden, was eine Beute ist?«

»Jawohl«, erwiderte der Igel.

»Jetzt wollt ihr bestimmt wissen, was der hohle Baum mit der Beute zu tun hat.«

»Das haben wir uns auch gerade gefragt, Herr Wolf: Was hat der hohle Baum damit zu tun?«, sagte der Igel erneut, der sich inzwischen zum offiziellen Sprachrohr der Eier gemausert hatte.

»Nun, ihr müsst wissen, dass... dass der hohle Baum eine fantastische Beute ist.«

Schweigen. Peinlich berührte Schüler.

»Entschuldigen Sie, ich glaube, Sie haben da was ausgelassen…«

»Was ausgelassen?«

»Das Wort ›Behausung‹. Vielleicht wollten Sie sagen, dass der hohle Baum eine fantastische Behausung für Beute ist.«

»Aber natürlich, Herr Richmond, wie können Sie nur daran zweifeln? Natürlich wollte ich das sagen.«

»Natürlich.«

»Da sich in einem hohlen Baum häufig ein Tier, auf das man Jagd machen kann und das Beute genannt wird, einnistet«, fuhr der Wolf fort, »lieben Wölfe hohle Bäume und setzen sich normalerweise geduldig davor, um zu warten, bis sich die Beute zeigt. Kommt sie dann zum Vorschein, begrüßt er sie und sagt etwas Nettes wie: ›Schönen guten Tag, Frau Beute, schönes Wetter heute, nicht wahr?‹ Damit die Beute denkt, sie hätte es mit einem netten Wolf zu tun, und den hohlen Baum verlässt, um sich mit ihm zu amüsieren, ein Schwätzchen zu halten, vielleicht einen Aperitif zu nehmen…«

»Ein Schwätzchen, und dann … zack!, stimmt's, Herr Wolf?«, schaltete sich der Igel ein, der den Ausführungen eifrig gefolgt war und sich fleißig Notizen machte. »Wölfe sind sehr schlaue, gerissene Jäger, jawohl! Dann packt der Wolf blitzschnell die Beute und verschlingt sie!«

Ein eisiges, peinlich berührtes Schweigen entstand. Vielleicht weil gerade ein Flugzeug über sie hinwegflog. Oder ein Jeep einen Feldweg entlangfuhr. Vielleicht war da auch nur eine Libelle, die mit den Flügeln schwirrte.

»Verschlingt?«, fragte der Wolf bestürzt. »Glauben Sie wirklich? Wölfe verschlingen ihre Beute?«

»Nein, ich sagte, Sie sagten: ›Der Wolf setzt sich vor einen Baum und …‹«

»Bitte keine Ausflüchte, Herr Richmond, keine Ausflüchte!«

Der Igel, der die Bedeutung des Hauptwortes Ausflucht nicht kannte, verstummte und erstarrte.

»Um die Sache noch einmal zusammenzufassen, liebe Kinder, aus was besteht die Jagd genau?«, fragte der Wolf und nahm seinen gelehrten Vortrag wieder auf.

Keiner wusste, was er darauf sagen sollte. Der Wolf musterte seine vier Schüler streng, sprich die drei Eier und seinen Freund, den Igel, und sagte: »Ihr habt nicht aufgepasst! Ich muss alles noch einmal zusammenfassen.«

Der Igel schrieb: ZUSAMMENFASSUNG DER JAGD, gefolgt von einem Doppelpunkt.

»Die Jagd, liebe Kinder, besteht darin, vor einem hohlen Baum zu warten.«

»Aber dann … dann jagen wir ja!«, platzte es aus dem Igel heraus, der sehr stolz war auf seine logische Schlussfolgerung.

»Glauben Sie, Herr Richmond?«, fragte der Wolf, anstatt zu antworten. In Wahrheit war er erschöpft und wurde immer verwirrter. Er hatte sich schwer anstrengen müssen, einen Vortrag über die Jagd zu halten, da er doch selbst nie auf der Jagd gewesen war. Vor allem hoffte er, dass keines seiner drei Kinder, die noch in ihren Eiern steckten, etwas bemerkt hatte, denn das wäre die reinste Tragödie gewesen. Sie hatten ein Recht darauf, einen richtigen Wolf zum Vater zu haben. Aber war es vielleicht seine Schuld, dass ihn zwei Adlerdamen aufgezogen und ihm nicht das Jagen im Wald beigebracht, sondern ihn auf die Universität geschickt hatten?

»Sie haben natürlich recht, Herr Richmond! Da wir uns vor einem hohlen Baum befinden, lässt sich zweifellos daraus schlussfolgern, dass wir jagen«, fuhr er fort. Danach war er völlig erschöpft und beschloss, dass es fürs Erste reichte. Er verstaute die Eier im Rucksack und marschierte mit den langen Schritten eines geschulten Wanderers weiter.

Dem Igel, der hinter ihm herwackelte, fiel auf, dass er noch ein paar Fragen hatte, zum Beispiel: Was sind denn nun wirklich die Beutetiere des Wolfes? Und welche Tiere wohnen in hohlen Bäumen? Oder: Wenn Tiere, die in hohlen Bäumen leben, Beutetiere des Wolfes sind, und aufgrund der beengten räumlichen Verhältnisse nur sehr kleine Tiere darin leben können, kann es gar nicht sein, dass Wölfe Wildschweine, Schafe und Rehe jagen!

Oder: Kann ein Schaf in einem hohlen Baum leben?

In diese Gedanken versunken wackelte der Igel schwitzend die ansteigende Straße hinauf.

So lange, bis sie alle den Gipfel eines Hügels erreicht hatten, von dem aus man eine herrliche Aussicht auf ein weites, grünes Tal hatte, das von einer riesigen weißen Herde bewohnt wurde.

Sie blieben stehen, um hinabzuschauen. Auch der Himmel, in den ein paar weiche Wattewölkchen hineingetupft waren, wirkte unendlich weit. Die Sonne wärmte die Landschaft. Die Welt schien ihnen in ihrer ganzen Schönheit zu Füßen zu liegen.

»Was für ein Glück, Herr Wolf!«, rief der Igel aus. »Eine Herde, genau das, was wir für Ihren Vortrag über die Jagd brauchen!«

Aber der Wolf hörte ihm gar nicht zu, er musterte gedankenverloren den Horizont, bis sich seine Gedanken verloren und niemand ihnen mehr folgen konnte.

»Sehen Sie die unendliche Schönheit dieser wolligen Tiere, Herr Richmond? Sehen Sie, wie sie sich in aller Ruhe sonnen, sich brüderlich aneinanderschmiegen und engelsgleich grasen? Was für ein Frieden, Herr Richmond! Was für Schätze das Füllhorn des Lebens doch vor uns Unwürdigen ausstreut! Welch intensives, blendendes Weiß!«

Mit diesen Worten holte der Wolf seine Sonnenbrille aus dem Rucksack. Erst setzte er sie auf seine Nase, dann jedoch, plötzlich beunruhigt, abwechselnd den Eiern auf.

»Wie Sie wissen«, erklärte er dem Igel, »lieben Wölfe

Schafe. Deshalb muss ich dafür sorgen, dass sich die Augen meiner Eier langsam an das blendende Schafweiß gewöhnen. Ich möchte nicht, dass ihre Augen Schaden nehmen ...«

Der Igel staunte nicht schlecht: Er konnte sich nicht vorstellen, dass Eier Augen hatten. Außerdem liebten Wölfe, da sie nun mal Wölfe waren, Schafe vor allem deshalb, weil sie sie verschlingen und bestimmt nicht von einem Hügel herab bewundern wollten. Aber er staunte nicht lange, denn er wusste schließlich, dass sein Freund Philosoph war. Deshalb setzte er sich, lehnte sich an einen Baum und schlug die Beine übereinander. Da er keine Sonnenbrille hatte, schützte er seine Augen, indem er mit den Pfoten einen Schirm gegen die Sonne bildete.

Den ganzen Tag über bewunderte er gemeinsam mit dem Wolf und den Eiern die Schafe.

Gegen Abend brachen sie erneut auf, denn nun sah man fast gar nichts mehr, und das Schafweiß verschwamm in der Dunkelheit.

Mitten in der Nacht erwachte der Wolf, nahm die Eier in den Arm, suchte eine erhöhte Position und begann von dort aus den Mond anzuheulen. Der Igel sah, wie sich seine schmale Silhouette vom Mond abhob, wie er seine Schnauze beim Heulen reckte. Er hörte auch, wie er seinen Eiern erklärte, wie, wo und wann man den Mond anheult und dass das Problem darin bestehe, die richtige Perspektive zu finden, damit das Geheul den Mond am besten erreicht. Er stellte sich vor, wie die Eier aufmerksam dasaßen und ihm zuhörten. Was für ein toller Vater!, dachte er. Was hatten diese Eier nur für ein Glück! Irgendwann glaubt er förmlich hören zu können, wie auch sie den Mond anheulten … Ja, er nahm ein dreistimmiges, leises Jammern wahr, das seiner Meinung nach von den Eiern kam. Aber ganz sicher war er sich nicht, und er ging auch nicht näher, um nachzusehen, sondern ließ zu, dass sich Wirklichkeit und Fiktion vermischten.

Das war die letzte Lektion über die Welt, die der Wolf erteilte. Am nächsten Morgen verkündete er, dass man die Reise getrost als beendet betrachten könne.

»Danke, Herr Wolf«, sagte der Igel und packte für die Abreise. »Wir haben sehr viel gelernt, die Eier und ich. Aus uns werden bestimmt noch mal perfekte Wölfe …«

Schweigen. Der Igel dachte über seine Worte nach und bekam so seine Zweifel, denn eines wusste er genau: Er war ein Igel und würde nie ein Wolf werden. So weit, so gut. Ein anderer Zweifel betraf jedoch die Eier, was deutlich schlimmer war: Wer lebte darin? Welche Tiere versteckten sich in den drei blassen Eierschalen?

»Aber, aber …«, stotterte der Igel, »was, wenn Ihre Kinder zufällig nicht als Wölfe zur Welt kommen?«

Der Wolf brach in Gelächter aus.

»Als was sollen sie denn sonst zur Welt kommen, Herr Igel? Meine Kinder … werden meine Kinder sein, meinen Sie nicht?«

Der Igel wusste nicht, dass sich ein Vater immer im

eigenen Nachwuchs wiedererkennt. Er liebt es, sich in ihm zu spiegeln und sich darin eins zu eins wiederzufinden.

Deshalb sah der Wolf in jedem seiner Eier einen Wolf. Was hätte er auch sonst darin sehen sollen?

FÜNFTES KAPITEL,
in dem sich die Ente bemüht,
Journalistin zu werden,
um eine gute Mutter zu sein

Worte im Wind

In der Zwischenzeit war die Ente bei Hochgeschwindigkeit mit Jack, dem Lastwagenfahrer, unterwegs, und zwar in Begleitung der alten Katze und zehn Eimern voll Sand, die bei der geringsten Erschütterung auf der Ladefläche hin und her wackelten.

Wie die Katze bereits gesagt hatte, waren sie auf dem Weg zur Zeitung, zur berühmten Wochenzeitung *Words in the Wind*. Und die Ente fragte sich nach wie vor, was eine Zeitung mit einer Katze und Eimern voll Sand zu tun haben sollte.

Jack hielt vor dem Eingang, half, die Eimer hochzutragen, verabschiedete sich und kehrte zu seinem Laster zurück.

Die Katze sagte zur Ente: »Komm mit!«, und brachte sie direkt ins Büro des Chefredakteurs. Das war ein riesiger Raum mit einem Schreibtisch in der Mitte, einem Stuhl mit einer Sitzfläche aus Strohgeflecht in der Ecke und mit Hunderten von Eimern auf dem Boden. Alle waren mit Sand gefüllt.

»Ich habe eine Ente für Sie aufgetan«, sagte die Katze. »Vielleicht haben Sie ja Verwendung für sie ...« Dann setzte sie sich auf den Stuhl, der ihr Arbeitsplatz war, und begann Eimer für Eimer den darin befindlichen Sand umzurühren, als handelte es sich um Polenta in einem Kessel.

Der Chefredakteur hieß Strauss und war ein sportlich gekleideter Vogel Strauß. Er trug ein kariertes Jackett, eine Samtweste und Wildlederschuhe.

Er setzte seine Brille auf, senkte den Kopf beinahe bis zum Boden, um die Ente besser betrachten zu können, und sagte: »Ah, sehr gut, sehr gut, etwas Frischfleisch können wir durchaus gebrauchen!«

Die Ente bekam Gänsehaut.

»Fräulein Brutaz hat Ihnen also alles erklärt?«, fuhr der Chefredakteur fort.

»Brüt-was?«, fragte die Ente, die ihren Ohren nicht traute.

»Brutaz.«

»Ach wirklich? Sie brüten auch?«, fragte sie.

»Ich tue was?«

Keine schien die andere richtig zu verstehen, und so erstarb die Unterhaltung wie eine schlappe Qualle, die von der Brandung an den Strand gespült wird.

»Sehr gut, sehr gut, mein Fräulein, aber weshalb sind Sie nun hier?« Mit diesen Worten nahm der Chefredakteur den Faden wieder auf.

»Weil ich Ihrer Katze geholfen habe, die Eimer zu füllen«, erwiderte die Ente.

»Hahaha«, brach der Chefredakteur in Gelächter aus. »Das ist keine Katze, das ist die stellvertretende Chefredakteurin, sehen Sie das nicht?«

Die Ente sah gar nichts, aber jetzt verstand sie immerhin, was die Katze mit der Zeitung zu tun hatte: Die Katze arbeitete bei der Zeitung! Jetzt musste sie nur noch herausfinden, was die Eimer voll Sand mit einer stellvertretenden Chefredakteurin zu tun hatten, aber kommt Zeit, kommt Rat.

»Und, was machen Sie so?«, fuhr der Chefredakteur fort. »Erzählen Sie mir doch, was Sie so machen, mein Fräulein.«

»Ich? Gar nichts, ich warte.«

»Ah, sehr gut, sehr gut. Und auf was?«

»Ich warte, dass Küken aus meinen Eiern schlüpfen, dass meine Kinder zur Welt kommen.«

»Aha. Und wo sind die, diese Eier?«, fragte der Chefredakteur und sah sich suchend um.

»Die habe ich dem Wolf anvertraut.«

»Dem Wolf? Und dieser Wolf, was macht der mit Ihren Eiern? Frisst er sie? Hahaha …« Der Vogel-Strauß-Chefredakteur brach erneut in Gelächter aus.

»Ehrlich gesagt, bebrütet er sie. Er ist nämlich der Vater.«

»Der Vater von wem, wenn ich fragen darf?«

»Von den Eiern, Herr Chefredakteur.«

»Ah, sehr gut, sehr gut. Und während Sie warten, arbeiten Sie als Journalistin.«

»Als Journalistin?«

Bei diesen Worten ließ die Ente die Flügel hängen. Was hatte der Journalismus mit ihren geliebten Eiern zu tun? Dann schilderte sie dem Chefredakteur, der rein gar nichts begriff, ihr Leben in allen Einzelheiten, bis hin zur Hochzeit mit dem Wolf, der Geburt ihrer Eier und ihrer aktuellen, zeitlich begrenzten Trennung. Sie schloss mit dem Satz: »Und so habe ich mich vom Wolf verabschiedet und flattere in der Welt herum!«

»Fantastisch, mein Fräulein«, rief der Chefredakteur begeistert und schüttelte eine gewisse Müdigkeit ab. »Genau das, was wir brauchen: Sie könnten doch auch für uns herumflattern! Es wäre uns eine Freude, Sie in die Welt zu entsenden! Als unsere ›Entenpondentin‹, was sagen Sie dazu? Hahaha, wäre Ihnen das recht?«

Während er ihr eine Zigarre aus einer Kiste anbot, fuhr er fort: »Wie gesagt, wir haben wirklich Bedarf an Frischfleisch, um die Konkurrenz in die Knie zu zwingen – die berüchtigte Zeitung *Wind in the Words*!«

»*Wind in the Words*? Aber heißt so nicht Ihre Zeitung?«, fragte die Ente, die sich dankend eine Zigarre genommen hatte und von dem Rauch bereits vollkommen benebelt war.

»Aber, aber, mein Fräulein, das dürfen Sie auf keinen Fall verwechseln! Wir heißen *Words in the Wind*! Und die von der verdammten *Wind in the Words* haben gerade eine Reihe von originellen Interviews lanciert, die enormen Erfolg hat! Diese Reihe heißt *Power in the Word*, es handelt sich um Interviews mit den Mächtigen dieser Welt! Haben Sie verstanden, was das für ein grandioser Coup ist? Indem sie die Mächtigen interviewt haben, sind sie selbst mächtig geworden!«

»›Sie‹ wer?«, fragte die Ente, die immer weniger begriff.

»Die von der Konkurrenz, verdammt noch mal! Hören Sie mir eigentlich zu?« Bei diesen Worten zog der Chefredakteur vier Mal lange und intensiv an seiner Zigarre. Dann fuhr er, völlig in Rauch eingehüllt, einschmeichelnd fort: »Deswegen sagte ich ja, dass Sie kommen wie gerufen, liebe Ente! Sie können uns helfen, die Zukunft unserer Zeitung und damit auch die Zukunft der Welt in die Hand zu nehmen. Was meinen Sie?«

Die Ente sah auf ihre Schwimmfüße und wurde unter ihrer eigenen Rauchwolke puterrot. Bekanntlich musste sie eigentlich bloß warten, bis der Wolf fertig gebrütet hatte. Sie fragte sich, ob es sinnvoll war, die Wartezeit damit zu überbrücken, die Zukunft der Welt, sprich die der Zeitung, in die Hand zu nehmen. Sie wäre natürlich lieber im Café sitzen geblieben oder in irgendeinem Wartesaal. Sie hätte auch lieber bunte Steinchen gesammelt oder Eimer gefüllt. Im Grunde wäre sie am liebsten herumgeflattert. Aber da das anscheinend nicht ging …

»Wie lange dauert denn das?«, fragte sie den Chefredakteur.

»Was?«

»Die Zukunft in die Hand zu nehmen.«

»Zwei oder drei Tage, nehme ich an.«

Die Ente sah auf den Timer. Der Zeiger zeigte auf den fünfzehnten Tag, also blieben ihr noch zwölf Tage bis zum siebenundzwanzigsten Tag.

»Gut, das lässt sich einrichten«, sagte sie.

»Sehr gut, sehr gut, mein Fräulein, also werden Sie die Mächtigen dieser Welt interviewen!«, befahl der Chefredakteur Strauss.

»Aber macht das nicht schon die Konkurrenz?«

»Ja ja, aber jetzt hören Sie mir gut zu: Die Zeitung *Wind in the Words* interviewt die Mächtigen, Sie werden sie jedoch für unsere Zeitung *Words in the Wind* befragen. Und zwar die Supermächtigen!«

Die Ente hatte keine Ahnung, wer die Mächtigen waren und schon gar nicht die Supermächtigen. Aber sie traute sich nicht, danach zu fragen.

»Ich stelle mir eine sensationelle Reihe von Interviews vor, die ich *Superpower in the World* nennen werde. Was meinen Sie?«

Die Ente meinte gar nichts, sie war völlig benebelt von dem vielen Zigarrenrauch, innerlich wie äußerlich.

»*Superpower* oder *DoublePower*...? Was meinen Sie?«

Die Ente fuhr damit fort, keine Meinung zu haben, deshalb rief der Chefredakteur das Fräulein Milly Brutaz zu sich und ließ sich einen randvoll mit Sand gefüllten Eimer auf den Schreibtisch stellen.

»Und bis es so weit ist, möchte ich Sie bitten, den normalen Einstellungsgepflogenheiten Folge zu leisten«, sagte der Chefredakteur zur soeben eingestellten Ente. »Wenn Sie den Kopf bitte in den Sand...«

»Den Kopf in den Sand?«

Da die Ente ein ganz verblüfftes Gesicht machte, erklärte ihr der Chefredakteur, dass jede Zeitung ihren Journalisten stets Eimer mit frischem Sand zur Verfügung stelle. Ja, dass es bei jeder Zeitung eine Katze gibt, die für die tägliche Befüllung der Eimer und das unaufhörliche Sandumrühren zuständig ist, damit der Sand wie neu bleibt und es für die Journalisten eine Freude ist, den Kopf hineinzustecken. Genau wie die Strauße.

»Haben Sie verstanden, wie das geht? Versuchen Sie es mal!«, sagte er und hielt ihr den Eimer hin. »Stecken Sie ihn hinein, los! Nicht so! Tiefer! Bleiben Sie nicht nur an der Oberfläche, tauchen Sie ein!«

Die Ente tauchte ein. Sie steckte den ganzen Kopf in den Sand, zog ihn aber sofort wieder heraus, spuckte und schüttelte ihre in Mitleidenschaft gezogenen Federn.

»Sehr gut, sehr gut, hiermit wären Sie also eingestellt. Fräulein Brutaz, händigen Sie ihr ihr Gehalt aus«, sagte der Chefredakteur zufrieden und verließ das Büro.

Die Katze Milly Brutaz hängte ihr ein Eimerchen voll Sand um den Hals, das von der Größe her perfekt saß, und sagte, das sei ihr »Gehalt«. Von nun an dürfe sie sich als Journalistin der Zeitung *Words in the Wind* betrachten. Aber als Journalistin müsse sie sich noch einen Namen ausdenken, überlegen, unter wessen Feder sie schreibe. Sie solle ihr schleunigst mitteilen, wie dieser laute, denn sonst könne man keinen Namen unter ihre Interviews setzen.

»Einen Namen ausdenken?«

»Einen Namen, ein Pseudonym, ganz wie Sie wollen! Mit dem signieren Sie dann Ihre Artikel, schließlich sollen die Ihre unverwechselbare Signatur tragen. Und wie soll das gehen, wenn Sie keinen Namen haben, mit dem Sie signieren können?«

Die Ente geriet ins Träumen: eine unverwechselbare Signatur, das gefiel ihr. Es musste etwas ganz Kleines, Leichtes sein. Keine so gewichtige Bezeichnung wie Anwalt, Steuerberater oder Dramaturg. Nein, sie wollte nur ein kleines Pseudonym haben, ein Pseudonymchen, ein Namenszeichen, eine Abkürzung, einen Schnörkel auf einem Blatt Papier...

»Pseudo!«, sagte sie zu der Katze. »Ich heiße Pseudo!«

»Pseudo-was?«

»Pseudo und Punkt«, sagte die Ente. »Punkt, aus, Ende.« Letzteres fügte sie noch hinzu, damit klar war, dass nach Pseudo kein weiterer Name mehr kam.

Und die Katze nahm zu Protokoll: Das Federvieh wird unter der Feder, sprich unter dem Pseudonym, Pseudo Ende schreiben.

Welche Brühe?

Natürlich war es der Ente noch nie vorher in den Sinn gekommen, Journalistin zu werden. Aber jetzt, da es ihr so in den Schoß fiel – warum eigentlich nicht? Wer sagt denn, dass man selbst beschließt, was man wird? Es ist doch wesentlich wahrscheinlicher, dass man wird, was man nie zu werden beschlossen hat.

In dieser Phase ihres Lebens war der Journalismus genau das Richtige für sie. Alles war so schnell gegangen, erst die Hochzeit, dann die Eier, dass ihr erst jetzt wirklich klar wurde, was eigentlich mit ihr geschah. Sie war bestürzt. Sie, eine Mutter? Ihr kam der Wunsch, zu reflektieren. Und so reflektierte sie sich kurzzeitig in irgendeinem Tümpel, der ihr als Spiegel diente, um zu sehen, ob sie sich verändert hatte. Aber sie konnte keine Veränderung feststellen, sondern sah nur die üblichen Schwimmfüße, den zierlichen Schnabel, die flaumigen Federn. Sie sah nicht aus wie eine werdende Mutter. Das heißt, sie sah nicht anders aus als vorher.

Aber wenn man Mutter wird, muss man sich dann nicht ändern?, lautete ihre Frage.

Sie hatte sich nie Gedanken darüber gemacht, irgendwas zu werden. Sie war und damit basta. Sie war eine Ente und hatte so lange gebraucht, um das festzustellen, dass sie das bereits für einen Riesenerfolg hielt. Aber jetzt, da sie Mutter wurde, begann sie sich zu fragen: Reicht das? Die Kinder würden wissen wollen, was sie so machte im Leben. Mit anderen Worten, welchen Beruf sie ausübte. Ein Kind möchte wissen, wessen Kind es ist, und sie, die nie irgendeinen Beruf gehabt hatte, war ein Niemand. Das heißt nur eine Ente. War das genug, um vor ihren Kindern bestehen zu können? Würden sie sich damit zufriedengeben?

Und da war noch etwas: Sie hatte Angst, die Kinder könnten sie bitten, ihnen die Welt zu erklären. Nur dummerweise hatte sie keine Ahnung davon. Was würden sie nur von einer so unzulänglichen Mutter halten?

Wenn sie jetzt Journalistin wurde, löste sie gleich zwei Probleme auf einmal, die sie zu haben glaubte (denn so ist das mit Problemen, es spielt keine Rolle, ob sie wirklich existieren, es reicht schon, an sie zu glauben). Zum einen könnte sie ihren Kindern sagen: »Eure Mutter ist eine Journalistin«, und nicht nur: »Eure

Mutter ist eine Ente.« Zum anderen würde sie auf diese Art die Welt kennenlernen, denn genau das machen Journalisten. Dann könnte sie ihren Kindern abends vor dem Kamin davon erzählen.

Und wenn ihr das Nichtbrüten Gelegenheit gab, jemand zu werden, umso besser. Da sie in kürzester Zeit Mutter sein würde, wurde das sozusagen zur moralischen Pflicht, ja, zu einer Mutterpflicht. Sie konnte es sich nicht länger erlauben, ein Niemand zu sein – eine, die nur herumflattert, und damit basta. Eine, die ihr Leben im Café und auf Bahnhöfen verbringt. Eine, die den Zug nimmt, ohne zu wissen, wohin er fährt, und sich von einem zufällig vorbeikommenden Lastwagenfahrer mitnehmen lässt. Eine, die Spaß daran hat, Steinchen am Strand zu sammeln. Schluss damit! Ihre Jugend war vorbei, die Mutterschaft zwang sie, erwachsen zu werden, und sie musste sich damit abfinden, dass sie jetzt tatsächlich erwachsen war.

Erwachsen, was für ein schwieriges, unangenehmes Wort! Eines, das sie bisher gemieden hatte wie die Pest. Das sie aber jetzt ernsthaft in Erwägung ziehen musste. Zum Wohle ihrer Eier, besser gesagt, zum Wohle ihrer Kinder.

Um eine gute Mutter zu sein, konnte es bestimmt nicht schaden, Journalistin zu werden.

Als Erstes zog die Ente los und kaufte sich einen Necktop. Sie hielt es schlichtweg für ein Ding der Unmöglichkeit, ohne Necktop als Journalistin zu arbeiten. Sie hängte ihn sich statt des Sandeimerchens um den

Hals und machte sich, dementsprechend ausgestattet, auf ins Reich der Löwen. Sie sollte ja die Mächtigen interviewen, und da war ihr eingefallen, dass niemand mächtiger ist als der Löwe. Er gilt nicht umsonst als der König des Waldes.

Sie fand ihn sofort, aber nicht im Wald, sondern in einem riesigen Sumpf. Er ähnelte eher einem Nilpferd als einem Löwen. Nur sein Kopf mit der dichten Mähne und der funkelnden goldenen Krone war zu sehen. Der restliche Körper zappelte in einer schokoladenbraunen Brühe herum, die stank wie eine Kloake.

Die Ente, die strikt darauf achtete, den Sumpfboden mit keiner noch so winzigen Feder zu berühren, hielt sich direkt vor der Löwenschnauze in der Luft und stellte ihm die erste Frage: »Entschuldigen Sie, sind Sie supermächtig?«

»Natürlich, mein Fräulein, was für eine Frage! Ich bin ein Löwe…«

»Sie sind also der König des Waldes?«

»Ja, ich bin der Präsident der Republik.«

Die Ente fragte sich, ob König und Präsident wohl das Gleiche war. Und ob eine Republik in etwa einem Wald gleichkäme. Da sie keinen großen Unterschied erkennen konnte, beschloss sie, mit ihrem Interview fortzufahren: »Und Sie regieren ganz allein? Denn, ehrlich gesagt, kommen Sie mir sehr einsam vor…«

»Aber was reden Sie denn da! Haben Sie denn keine Augen im Kopf?«

»Doch, aber…«

»Ich regiere, indem ich ständig mit allen Regierungsvertretern im Gespräch bin: mit den Ministern, Staatssekretären, Unterstaatssekretären ...«

»Und wo sollen die sein?«

»Unter mir!«

»Wo, unter Ihnen?«

»Unter mir, sage ich! Sehen Sie sie denn nicht? Sehen Sie denn nicht die vielen Leute da unten?«, fragte der Präsident und zeigte auf einen riesigen Schilfwald, Hektar um Hektar Schilfrohre, die sich im Wind bogen.

»Ich sehe einen Schilfwald«, sagte die Ente.

»Sie verstehen überhaupt nichts, Sie sind viel zu oberflächlich! Sehen Sie genau hin!«

Der Löwe begann, Kommandos zu geben. »*Hula hopp!*«, sagte er zum Beispiel. Nach diesem Spruch, der wohl so etwas Ähnliches wie ein Befehl sein sollte, wuchsen die Schilfrohre wie durch ein Wunder aus dem Sumpf. Oder besser gesagt, eine endlose Anzahl Tiere jedweder Gattung tauchte aus dem Sumpf auf. Sie alle hatten ein Schilfrohr im Maul, das es ihnen bis zu diesem Moment erlaubt hatte, unter Wasser zu atmen. Die Schilfrohre waren nämlich gar keine Schilfrohre, sondern Schnorchel für Tiere, die sich unter Wasser aufhielten: für Nilpferde, Hyänen, Kojoten, Affen, Panther, Elefanten, Gnus, Büffel ...

Der Löwe kommandierte erneut: *Hula hopp!* Daraufhin tauchten die Tiere wieder ab, sodass nur noch ihre Schilfrohrschnorchel herausragten und der Schilfwald wieder aussah wie ein Schilfwald.

»Verstanden?«, fragte der Löwe, der seinerseits immer mehr zu versinken schien. Die braune Brühe war ihm bereits fast bis zu den Nasenlöchern gestiegen, und die Ente machte sich aufrichtige Sorgen.

»Und Sie sind sich wirklich sicher, dass Sie mächtig sind?«, fragte sie.

»Natürlich, Mädchen, ich bin der Präsident!«

»Entschuldigen Sie, Herr Präsident, aber wenn Sie so mächtig sind, warum ertrinken Sie dann in der braunen Brühe?«

»Brühe? Welche Brühe?« Der Präsident sah sich aufrichtig erstaunt um. »Ich weiß wirklich nicht, wovon Sie reden, mein Fräulein. Ich kann diese Brühe, von der Sie reden, nirgendwo entdecken, so leid es mir tut, mein Fräulein …« Mit diesen Worten versank er immer mehr in der Brühe, die er nicht zu sehen vorgab. Nur noch die Augen und das dichte Büschel seiner Mähne mit der Krone dazwischen schauten heraus.

»Bevor Sie vollends verschwinden, möchte ich mich noch bei Ihnen bedanken, Herr Prä…«, sagte die Ente entsetzt.

Aber es gelang ihr nicht, ihren Dank auszusprechen. Der Präsident samt seiner Minister und Parlamentsabgeordneten wurde von einer unglaublich großen Welle mitgerissen, die dadurch verursacht wurde, dass jemand von einem Schlammhügel in die Brühe gesprungen war. Dieser Jemand war ein hohes Tier in der Regierung, ein riesiges Nilpferd, das zu gern Arschbomben machte. Es schlüpfte in seinen Schwimmreif in Form einer Ente und sprang ins Wasser. Dabei sorgte es stets für wildeste Wellen, wühlte den ganzen Sumpf auf und verursachte immer wieder Erdrutsche.

Aber das war alles nicht weiter schlimm. Der Sumpf (sprich das Parlament) rechnete bereits damit und machte sich weiter keine Gedanken darüber: Der Typ war einfach so, es gefiel ihm, er ließ mit Vergnügen die ein oder andere Arschbombe krachen, aber danach wurde alles wieder genau wie vorher, so als wäre nichts geschehen. Es waren schließlich nur Wellen. Sumpfwellen.

Die schöne Maria

Nach dem Löwen wusste die Ente nicht, wen sie als Nächstes interviewen sollte. Zum Glück rief der Chefredakteur an und erinnerte sie an ihre Pflichten als Erwachsene, sprich als Journalistin: »Und, mein Fräulein, wo bleiben die Interviews?«

»Na ja, ich habe eines angefangen, aber dann … An allem ist nur die Brühe schuld.«

»Brühe? Und was ist mit dem Mächtigen? Haben Sie ihn nun interviewt oder nicht?«

»Nein, Herr Chefredakteur, ich habe den Löwen interviewt …«

»Welchen Löwen? Wer hat Ihnen denn gesagt, dass Sie den Löwen interviewen sollen? Jetzt sehen Sie mal zu, dass Sie in die Gänge kommen! Reisen Sie um die Welt, setzen Sie sich in Bewegung, bewegen Sie was, tragen Sie etwas bei, korrespondieren, sprich, artikulieren Sie etwas!«

Noch bevor sie in der Wortflut des Chefredakteurs ertrank, gelang es der Ente zu murmeln:

»Wissen Sie, ich überlege gerade, wen ich wohl als Nächstes interviewen könnte?«

»Na ja, wie wär's mit der Schönheit? Hahaha … Wissen Sie denn nicht, dass Schönheit Macht bedeutet?«, entgegnete der Chefredakteur, während er Zigarren rauchte und Sand spuckte.

Die Ente zog also aus, um die Schönheit zu finden, wusste aber nicht, wo sie sie suchen sollte.

Besser gesagt, fand sie hie und da ein bisschen davon, meist dort, wo sie es am wenigsten erwartete, und vor allem dann, wenn sie gar nicht danach Ausschau hielt: Zum Beispiel entdeckte sie sie in einem Wasserfall mitten in den Bergen, in einem rosa Stein am Strand, in einem kleinen Mäusejungen, das mit seinem Schwanz spielte. In lauter kleinen, flüchtigen Dingen – aber wie sollte man die interviewen? Bei dem Mäusejungen wäre das ja vielleicht noch möglich gewesen, aber bei dem Wasserfall und dem Stein?

In ihrer Verzweiflung wollte sie schon den Chefredakteur anrufen und sagen, dass sie vielleicht nicht für den Journalismus gemacht war, als sie aus der Luft eine lange Menschenschlange entdeckte, die sich mitten durch ein Ödland wand.

Sie bestand aus Männern und Frauen, die für irgendetwas anstanden. Die Ente landete und fragte den Letzten in der Schlange, einen übergewichtigen fettglänzenden Jungen, der an seinem Bauchnabelpiercing kratzte: »Entschuldige, wofür stehst du hier an?«

»Um sie zu sehen, natürlich.«

»Wer ist ›sie‹?«

»Die Schönheit natürlich.«

Die Ente rief sofort den Chefredakteur an, um ihm zu sagen, dass sie die Schönheit gefunden hatte, womit sie ihm unterschwellig klarmachte, dass sie eine hervorragende Journalistin war. Dann sah sie sich um.

Um sie herum gab es nichts. Das trockene, ausgedörrte Ödland erstreckte sich kilometerweit bis zum Horizont. Überall hatten sich Risse gebildet, einige davon waren abgrundtief. Man musste aufpassen, nicht hineinzufallen, denn dort hätte einen niemand mehr herausgezogen. In diesem Fall wäre man direkt bis zur Erdmitte gestürzt, und dann gute Nacht!

Es herrschte eine sengende Hitze – Durst, Schweiß und Erschöpfung, wohin das Auge sah. Und trotzdem standen die Leute endlos Schlange.

Nachdem die Ente drei Tage lang angestanden hatte, gelangte sie in die Nähe der Schönheit und konnte einen Blick auf sie werfen.

Was sie da sah, war nichts anderes als ein unglaublich hoher Stuhl, der wie ein Wolkenkratzer wirkte: vier dünne Beine, die mindestens dreihundert Meter weit in den Himmel ragten. Und dort oben saß eine majestätische, erhabene Frau, die stur geradeaus in die Ferne sah.

»Aber warum ist sie so weit oben?«, fragte die Ente ihre Nachbarn in der Schlange. »So kann sie doch niemand richtig sehen!«

Ein alter, buckliger, ausgemergelter Herr lächelte ihr zu und flüsterte ihr mit schwacher Stimme ins Ohr: »Die Schönheit ist unerreichbar, wussten Sie das nicht?«

»Aber ich muss sie interviewen!«, sagte die Ente. Sie besorgte sich ein riesiges Megafon und schrie ihre Fragen Richtung Himmel:

»Guten Tag, Frau Schönheit, darf ich Sie interviewen?«

»Aber natürlich, ich bin wunderschön.«

Komisch, ihre Stimme klang zwar lieblich und freundlich, hallte aber so, als käme sie aus einer Höhle.

»Und wie haben Sie es geschafft, so schön zu sein?«

»Ich bin schön geboren, was soll ich machen?«

Komisch, die Frau rührte sich kein bisschen. Auch der Mund, der die Worte aussprach, blieb unbeweglich. Was ist sie nur hochmütig, diese Frau!, dachte die Ente.

»Und wie fühlt es sich an, da oben festzusitzen?«

»Wunderschön!«

»Und was haben Sie für Pläne im Leben?«

»Ich glaube, ich möchte auch weiterhin wunderschön sein.«

Die Ente fand das Interview ziemlich langweilig. Sie beschloss, sofort auf den Punkt zu kommen.

»Sie sind sehr mächtig, stimmt's?«, fragte sie.

»Natürlich, sehen Sie das nicht? Die ganze Welt liegt mir zu Füßen ...«

»Und was haben Sie davon?«

»Alles! Ich muss nur um etwas bitten, und schon

bekomme ich es. Wollen Sie mal sehen? Schauen Sie!«
Dann rief sie: »Eine Cola!«

Sofort sauste unten ein Junge los, der wie ein Äff-
chen den dreihundert Meter hohen Stuhl hochklet-
terte. Er balancierte ein silbernes Tablett auf der Nase,
auf dem eine Coladose stand.

»Sehen Sie?«

»Ja.«

»Wollen Sie noch mehr sehen? Schauen Sie!«

Sie rief erneut: »Ich hätte gern ein Smaragdhalsband
und eine Luxuslimousine!«

Sofort sausten zwei weitere Jungs äffchengleich los,
allzeit bereit, ihr jeden Wunsch zu erfüllen.

»Sehen Sie? Wollen Sie noch mehr sehen?«, fragte
die Schönheit.

»Nein danke…«, erwiderte die arme Ente, die sich
ganz mickrig vorkam angesichts einer solchen Macht.

Aber irgendwas kam ihr komisch vor. Diese hohle
Stimme, diese Unbeweglichkeit… Sie beschloss, sich
das aus der Nähe anzusehen. Als die Leute in der
Schlange einen kurzen Moment abgelenkt waren, erhob sie sich in die Lüfte und erreichte den schwin-
delerregend hohen Sitz, auf dem die Schönheit saß.
Sie setzte sich auf deren Schoß und musterte sie aufmerksam von allen Seiten. Da entdeckte sie, dass diese
Schönheit… eine Fälschung war! Eine Gipsstatue! Das
Gesicht war rosa angemalt, der Mund mit dem Pin-
sel gezeichnet und mit glänzendem Lack überzogen,
und die Pupillen waren blau eingefärbt. Sie traute ihren
Augen kaum.

»Entschuldigen Sie, Frau Schönheit, aber Sie sind ...
eine Fälschung!« Die Ente musste es einfach ausspre-
chen.

In diesem Moment rührte sich etwas in der Statue.

Die Ente vernahm ein deutliches Geräusch, eine
Art unterdrücktes Schluchzen. Dann war das übliche
Stimmchen wieder zu hören:

»Nein, das stimmt nicht! Ich bin schön!«

»Das kann schon sein, aber Sie sind eine Statue!«

»Nein, das stimmt nicht!«, fuhr die Stimme laut hal-
lend und schluchzend fort. »Hier drin bin ich, und ich
bin echt!«

Also berührte die Ente den Gips und merkte, dass
es sich nur um eine Hülle handelte, in der die echte
Frau versteckt und gefangen war – so ähnlich wie die
Soldaten im alten Troja in dem Pferd aus Holz.

»Aber Sie ... Sie ... Darf man wissen, wer Sie sind?«

»Ich ... ich ... ich heiße Maria ...«, sagte die Frau
schüchtern.

»Maria, aber ... willst du dich denn nicht bewegen?
Vielleicht von hier weggehen und über die Wiesen
hüpfen?«

»Und ob ich das will!«, sagte die arme gefangene
Stimme.

Also beschloss die Ente, etwas zu unternehmen.
Zum Teufel mit dem Interview, zum Teufel mit dem
Journalismus! Sie würde Maria, die Schönheit, be-
freien!

Sie wartete, bis es Nacht war und die Leute in der
Schlange schliefen. Dann hackte sie mit dem Schna-

bel eine kleine Öffnung in die Gipshülle und ließ die Gefangene dadurch hinaus. Sie half ihr hinab, indem sie an einem Stuhlbein wie an einer Turnstange hinunterglitt.

Als sie unten waren, betrachtete sie Maria erst einmal in Ruhe. Was sie da sah, war ein kleines, dünnes Mädchen mit Sommersprossen und einem roten Haarschopf. Es war nicht hässlich, aber wunderschön auch nicht gerade. Es war normal.

»Komm, Maria, laufen wir um die Wette!«

Anfangs taten Maria etwas die Beine weh, da sie so lange in der Gipsstatue eingeschlossen gewesen war. Aber mit der Zeit wurde sie immer beweglicher.

Sie lief schneller und schneller, erinnerte an eine Art Hase, der immer wieder zwischen dem hohen Gras verschwindet. Die Ente konnte nicht mehr mithalten.

»Maria, warte auf mich!«

Ihre Stimme verhallte in der Nacht. Bald darauf verlor sich jede Spur von Maria, nicht einmal ihre rote Haarwolke war noch zu sehen. Sie war bereits unerreichbar.

Die Ente hielt erschöpft inne und blieb einen Moment sitzen, um den Horizont zu bewundern.

In der Zwischenzeit wurden die Leute, die Schlange standen, um die Schönheit zu sehen, einer nach dem anderen wach. Sie reckten und streckten sich, wuschen sich mit Wasser aus den mitgebrachten Feldflaschen die Gesichter und stellten sich wieder an, den Blick nach oben gerichtet, um sie zu bewundern.

Doch sie war nicht mehr da, aber das fiel niemandem auf. Dort oben auf dem Stuhl saß wie immer die Gipsfigur. Niemand sah, dass sie leer war.

Denn woher soll man wissen, dass in einer Statue niemand ist?

Der Zug der Truthähne

Der Nachmittag darauf war wunderschön, und die Ente wartete wieder und tat nichts. Nachdem sie hie und da einen Wurm aus dem Gras gepickt hatte, war sie ein wenig herumgeflattert und hatte dann begonnen, ihr Federkleid zu ordnen. In dieses Idyll hinein schrillte das Telefon. Der Chefredakteur war dran: »Was sind Sie nur für eine Journalistin? Sie haben mir noch keine Zeile geschickt! Hahaha! Bewegen Sie sich, Marsch, sonst ist der Zug abgefahren!«

Der Zug? Die Ente fragte sich, von welchem Zug der Chefredakteur wohl sprach. Sie wusste nicht, dass Leute, die Karriere machen, fest davon überzeugt sind, vierundzwanzig Stunden am Tag schuften zu müssen, weil der Zug sonst abgefahren ist. Der Zug des Lebens, sozusagen. Keine Ahnung, wo der hält, aber das spielt auch keine Rolle, er darf nur auf keinen Fall abfahren!

Die Ente flog zum nächsten Bahnhof und nahm den ersten Zug, der hielt. Rein zufällig war es ein Superschnellzug mit dem Namen WW (Wirbelwind), denn er war tatsächlich schnell wie der Wind.

Der Zug platzte beinah aus allen Nähten, denn er

war vollgestopft mit Truthähnen, die einreihige metall-graue Anzüge, weiße Hemden und dunkelblaue Krawatten mit Streifen oder Pünktchen trugen. Sie waren puterrot und aufgeplustert. Während sie schrien und kreischten, plusterten sie sich auf. Und während sie sich aufplusterten, wurden sie puterrot. Und während sie puterrot wurden, plusterten sie sich auf und immer so weiter.

Auf dem Schoß hatte jeder von ihnen einen auf-geklappten Laptop. Im Ohr Kopfhörer. Am Revers ein Mikrofon. Sie hackten in die Tasten, gestikulierten, telefonierten. Es herrschte ein unerträglicher Lärm. In Wahrheit sprach keiner mit keinem, nicht einmal mit sich selbst. Jeder sprach in sein Handy, in seinen Computer. Besser gesagt trötete, obwohl Truthähne eigentlich truten.

»Guten Tag«, sagte die Ente höflich.

»Verkauf tröt-tröt vier und kauf zwölf! Mach einen Zweimonatsplan und tröt-tröt! Der Auftrag ist geplatzt! Millionen Euro haben sich tröt-tröt in Luft aufgelöst! Gib die Bestellung auf, wir dürfen uns die Ware auf keinen Fall entgehen lassen! Schick mir ein Fax! Tröt-tröt mir eine E-Mail!«

Puh! Die Ente versuchte, den Waggon zu wechseln. Sie wechselte zweiundzwanzig Waggons. Sie waren alle gleich, jeder überfüllt mit metallgrauen Putern, die lauthals kreischten.

»Wer seid ihr?«, versuchte sie in Erfahrung zu bringen. Keine Antwort.

»Wer seid ihr?«, schrie sie lauter. Keine Antwort –

diese Typen krähten einfach unverdrossen weiter. »Entschuldigt, aber was arbeitet ihr da?« Keine Antwort. Genauso gut hätte sie gegen eine Wand reden können.

Zum Glück entdeckte die Ente schließlich einen Truthahn, der zwischen zwei Sitzen auf dem Boden kauerte. Er war anders als die anderen: Er gab keinen Laut von sich, hatte den Computer und das Handy ausgeschaltet, und das Mikrofon baumelte ihm vor der Brust. Er starrte ins Leere.

»Entschuldige, kannst du mir vielleicht helfen?«, fragte die Ente, beglückt, endlich jemanden gefunden zu haben, der den Schnabel hielt.

»Ja«, antwortete er mit schwacher Stimme.

»Kannst du mir vielleicht sagen, wer diese Truthähne sind?«

»Manager.«

Die Ente verstand nicht viel davon, nur so viel, dass es sich um mächtige Persönlichkeiten handelte. Für ihre Interviews war das ideal! Sie notierte sich im Necktop ein paar Fragen und versuchte, sich an das bisschen zu erinnern, was sie aus der Geschäftswelt, der Industrie, Hochfinanz und so weiter wusste. Dann versuchte sie, sich über das Kreischen hinweg Gehör zu verschaffen, und feuerte ihre Fragen ab: Welche Firma leitet ihr? Wie viel Geld bewegt ihr? Wie ist es um die wirtschaftliche Lage unseres Landes bestellt? Was denkt ihr vom Bruttoinlandsprodukt? Von der Inflation? Und was macht der NASDAQ?

Doch da war nichts zu machen, der Lärm wurde nicht leiser, und sie erhielt keine Antwort. Jetzt schwirrten ihr auch noch jede Menge Frauennamen um die Ohren: »Cristiana, würdest du den Termin bitte verschieben! Giovanna, telefonier bitte diese neunzig Kunden durch! Daniela, google-tröt, Geduld, Geduld, lies zwanzig Briefe gegen! Patrizia, schick mir einen Kurier tröt! Gabriella, wachen Sie auf, ich brauche Sie sofort!«

Gegen Abend änderte sich der Tonfall, er wurde vertraulicher und die Mitteilungen gleichzeitig knapper. Auch die Namen der nun angesprochenen Frauen waren andere, ja es waren gar keine richtigen Namen mehr, sondern nur noch Spitz- und Kosenamen: »Knutschi, mein Schatz, ich habe jetzt keine Zeit. Bibi, grüß mir tröt-tröt die Kinder. Wie, ich soll den Kleinen vom Kindergarten abholen google-tröt? Das soll wohl ein Witz sein! Lella, Liebste, verschieb doch bitte das Abendessen mit den tröt Badiani tröt. Es tut mir leid, Mici, ich komme heute Abend nicht nach Hause! Was für ein Wochenende am Meer tröt-tröt? Du träumst wohl! Bambi, entschuldige, aber ich muss auch am Sonntag arbeiten. Auch nachts. Auch auf dem Klo. Fifi, ich habe keine Zeit. Ich habe zu tun. Jetzt nicht. Wir hören uns später. Mach, was du willst tröt. Ich sagte tröt und nochmals tröt!«

Die Ente verstand rein gar nichts mehr und bat erneut den neben ihr kauernden Truthahn um Rat: »Entschuldige, aber könntest du mir sagen, wer all die Frauen sind?«

»Erstere trut oder letztere trut?«

»Wie meinst du das?«

»Nun, erstere trut waren die Sekretärinnen, letztere dagegen die trut Ehefrauen«, erwiderte der traurige Truthahn. Die armen Ehefrauen!, dachte die Ente. Ob es da nicht besser war, Sekretärin zu sein? Sie bereitete eine weitere Fragensalve vor, im Stil von: Wann habt ihr geheiratet? Warum habt ihr geheiratet? Geht ihr sonntags gemeinsam picknicken? Spielt ihr mit euren Kindern Fußball? Doch ihre Versuche, sie auf die Manager loszulassen, waren vergeblich. Ihre Fragen verhallten im Nichts.

»Sie antworten mir nicht ...«, sagte sie enttäuscht zum neben ihr kauernden Truthahn.

»Natürlich trut, sie haben keine Zeit. Weißt du, wir Manager trut-trut haben nie Zeit. Wir verbringen die Zeit damit, keine trut Zeit zu haben, und so vergeht trut die Zeit, leider.«

»Aber du ... gehörst auch zu ihnen?«

»Doch, doch. Das heißt, nicht mehr trut. Ich bin draußen.«

»Freut mich, ich bin Pseudo und arbeite als Journalistin. Und du?«

»Ich bin ein trut geschasster Manager und deshalb trut draußen.«

»Entschuldige, Draußen, ich komme von weit her. Könntest du mir das näher erklären?«

»Mir ist ein Vertrag geplatzt, trut-truuuuut! Ich habe nicht rechtzeitig unterschrieben, deshalb hat die Konkurrenz trut den Zuschlag bekommen. Und hat ein Wahnsinnsgeschäft gemacht trut!«

»Inwiefern?«

»Sie hat Gewinne von über einer Million Euro gemacht! Sie haben als Erste unterschrieben und sich den Auftrag gesichert. Trut und nochmals trut. Und wir stehen jetzt mit leeren Händen da, und das ist allein meine Schuld. Jetzt wurden meine Verbindungen gekappt, der Internetzugang. Jetzt habe ich gar nichts mehr, jetzt bin ich draußen, geschasst! Ich bin verloren! Truuuuut!«

»Und jetzt, Schassi, was machst du jetzt?«, fragte die Ente in der Hoffnung, dieser Kosename würde ihn ein bisschen aufmuntern.

»Nichts. Ich bin dazu verdammt trut, draußen zu bleiben, zusammen mit den anderen geschassten Managern.«

»Ach so, es gibt noch andere … Und wo sind die?«

»Die nisten sich in den trut Ritzen des Zuges ein. Trut-trut.«

»Entschuldige, Schassi«, unterbrach ihn die Ente. »Warum machst du trut und die anderen tröt?«

»Weil bei uns Geschassten sogar die trut Zunge schlappmacht. Und statt eines ö bringen wir nur noch ein u heraus.«

»Aber warum ausgerechnet ein u?«

»Keine Ahnung, vielleicht, weil das düsterer klingt, außerdem sind wir doch Truthähne… Wie dem auch sei, wenn du unter die Sitze, hinter die Koffer und zwischen die Maschen der Gepäcknetze schaust, findest du andere Geschasste. Die sind genauso truttraurig wie ich.«

Die Ente sah sich im Waggon um und entdeckte

tatsächlich weitere fünf oder sechs Truthähne, die sich irgendwo zusammengekauert hatten. Sie bewegten sich nicht von der Stelle und waren bereits von einer Staubschicht bedeckt.

»Aber könnt ihr denn nicht aussteigen, nach Hause gehen, eine Reise machen, euch eine andere Arbeit suchen?«

»Nein, wer einmal auf diesen Zug aufgesprungen ist, kommt trut nicht mehr herunter.«

»Und wieso?«

»Weil er nicht trut anhält.«

»Ach, Quatsch, alle Züge halten an! Es gibt Haltestellen!«

»Aber dieser Zug hält an keiner Haltestelle. Niemand trut verlässt den Zug der Manager!«

Sie fühlte sich wie in der Hölle. Hilfe! Mit einem Mal fielen ihr die Eier wieder ein: Sie musste diesen Zug unbedingt verlassen. Aber da sie kein Manager war, war das glücklicherweise kein Problem. Sie erklärte Schassi ihren Fluchtplan, der im Grunde ganz einfach war: Es genügte, ein halb offenes Fenster zu finden und hinauszufliegen. Sie fragte ihn, ob er nicht mitkommen wolle, schließlich habe er ebenfalls Flügel. Auf diese Weise könne er sein Leben ändern und ein glücklicher Truthahn werden, der keine traurigen us mehr von sich geben müsse. Aber er sagte, das gehe nicht, denn erst müsse er den Absprung schaffen. Und ob er sich das jemals trauen würde, wisse er nicht, denn dann wäre er ein Niemand.

Also ließ ihn die Ente im Zug zurück, denn letztlich lebt jeder das Leben, das er will. Sie nahm Anlauf, peilte das einzige offene Fensterchen an und flog davon.

Es fehlte nicht viel, und der Fahrtwind hätte ihr das Bewusstsein geraubt. Er sog sie in einen Strudel und spuckte sie jenseits der Gleise wieder aus, wo sie mitten auf einer Wiese landete. Sie ordnete ihr Federkleid und suchte sich ein geschütztes Mäuerchen, hinter dem sie die Nacht verbringen konnte.

Sie fror. Sie glättete die Federn und schloss die Augen. Sie musste an ihren Wolf denken, daran, wie er im Garten zwischen den Dünen in seinem Liegestuhl lag, Hausaufgaben korrigierte, ein wenig Schopenhauer las und sich ein paar Notizen über den Sinn des Lebens machte, während sie im Meer badete oder die Wiesen abflog, um Ranunkeln zu sammeln.

Wenn ich nun einen Truthahn geheiratet hätte!, dachte sie entsetzt. Und schlief ein.

SECHSTES KAPITEL,
oder die Nacht,
darin sich Gedanken kreuzen,
beziehungsweise:
Wir sind mit unseren Gedanken nicht allein

Dem Wolf umwölkte sich die Stirn, denn ihm ging ein Gedanke nach dem anderen durch den Kopf.

Er tat das nicht mit Absicht, er konzentrierte sich durchaus aufs Brüten, aber er konnte nicht anders: Immer neue Gedanken überfluteten ihn, und so versuchte er ihnen nachzuhängen, während er im Schneidersitz auf Richmonds Ballons saß. Mit anderen Worten: Er schrieb! Was sollte er sonst tun? Wenn man so in Gedanken versunken ist, bleibt einem nichts anderes übrig, als zu schreiben.

Eines Nachts, als er die Schreibmappe offen im Schoß liegen hatte, fiel ein Mondstrahl auf das Blatt wie das Licht einer Schreibtischlampe, und der Wolf schrieb:

Jede Geburt beendet ein Warten.

Und die Zeit der Ungewissheit ist vorbei: Was ungewiss war, bricht sich unwiderruflich Bahn. Und indem es sich Bahn bricht, nimmt es seinen Anfang.

Es beginnt, eine Zeit zu haben.

Seit Kurzem hatte sich ein Gedanke heimlich, still und leise bei ihm eingeschlichen wie eine Blindschleiche. Ein Gedanke, der alle anderen verdrängte und ihn immer mehr beherrschte: Nämlich, dass seine Kinder bei der Geburt das Warten zerstören, ja, es töten und es ihm somit nehmen würden.

Wie merkwürdig!, dachte der Wolf. Das Warten muss sterben, weil ein Kind geboren wird … Es würde ihm leidtun, nicht mehr weiterbrüten zu können. Bei diesem Gedanken überfiel ihn in einem Winkel seines Gedächtnisses eine gewisse Traurigkeit. Wie wenn man den Boden wischt und in den Ecken immer noch ein wenig Schmutz zurückbleibt, an den kein Besen herankommt. Doch anstatt diesen Gedanken fallen zu lassen, bekam er Lust, ihn zu vertiefen, ihm auf den Grund zu gehen, um zu sehen, was sich sonst noch in diesem Winkel versteckte, in dem er so traurig war. Und so kam es, dass er weitere Worte fand:

Mit Ideen ist es genauso wie mit Eiern.

Auch Ideen werden ausgebrütet.

Ja mehr noch: Ideen haben ist Brüten in Reinkultur, eine Art vollkommenes, ewiges Brüten.

Eine Idee wird niemals geboren, sie wird einfach immer weiter ausgebrütet und damit basta.

Eine Idee bedeutet zeitloses Warten, reine Ungewissheit.

In dem Moment, in dem wir sie umsetzen wollen, verschwindet die Idee. Indem Sie sich in der Raum-Zeit materialisiert, nimmt sie ein Ende.

Eine verwirklichte Idee nimmt unwiderruflich ein Ende.

Geboren werden heißt ein Ende nehmen. Nicht geboren werden hieße kein Ende nehmen, unendlich sein.

Deshalb markiert die Verwirklichung einer Idee zwangsläufig eine Grenze, eine Enttäuschung, ein Scheitern.

Wenn es uns gelänge, für immer zu warten, ja, wenn das Warten ewig wäre, wenn wir uns darauf beschränken würden, Ideen zu haben, nachzudenken und damit basta, wären wir unendlich.

An diesem Punkt las sich der Wolf mehrmals durch, was er geschrieben hatte. Er war sich nicht sicher, ob er sich verständlich genug ausgedrückt hatte, aber er war unglaublich stolz auf sich, wenn er solche Sachen schrieb. Denn dann fühlte er sich wie ein richtiger Philosoph.

In jener Nacht geschah etwas Merkwürdiges.

Der Wolf und die Ente waren bekanntlich seit Tagen voneinander getrennt, und keiner wusste auch nur das Geringste vom anderen. Aber in jener Nacht geschah es, dass beide, ohne es zu wissen, den gleichen Gedanken hatten. Man könnte sagen, es war eine Nacht, darin sich Gedanken kreuzten.

Wer weiß, wie viele Leute in einem bestimmten Moment das Gleiche denken. Vielleicht fühlen sie sich einsam und sind es gar nicht, weil sie über ihre Gedanken miteinander verbunden sind. Über unseren Köpfen findet eine Art Gedankentanz statt, ein immerwährendes Fest, das uns, wenn wir davon wüssten, weniger traurig machen würde. Aber woher sollen wir wissen, was in den Köpfen anderer Leute vorgeht? Die Gedanken sind unsichtbar und unhörbar.

Auch die Stirn der Ente war umwölkt vor lauter Gedanken. Und in jener Nacht hatte sich aufgrund irgendeines verrückten Zufalls der gleiche Gedanke heimlich, still und leise wie eine Blindschleiche bei ihr eingeschlichen wie jener, den der Wolf gehabt hatte. Wie ansteckend Gedanken doch sein können!

Es fehlten nur noch wenige Tage bis zur Stunde S, also bis zur Stunde des Schlüpfens. Sie sah traurig auf die Uhr, die gar keine richtige Uhr war, sondern ein Timer. Sie dachte an den Tag zurück, an dem der Wolf sie in die Luft geworfen hatte. An alles, was sich daraus ergeben hatte, an all die Dinge, die sie getan hatte, obwohl sie eigentlich gar nichts hatte tun wollen außer warten. Daran, wie viele Orte sie schon aufgesucht hatte, obwohl sie eigentlich an einem Ort hatte bleiben wollen. Und daran, wie sie aus unerfindlichen Gründen Journalistin geworden war, obwohl sie eigentlich nur Mutter werden musste. Mit anderen Worten: Sie dachte darüber nach, wohin sie das Warten auf das Schlüpfen ihrer Kinder letztlich gebracht hatte. Und darüber, was sie jetzt tun oder lassen sollte, da das Warten zu Ende ging und es bald nichts mehr geben würde, worauf sie warten konnte. Die Zeiten, in denen sie nichts mehr tun musste außer warten, wären dann ein für alle Mal vorbei: Dann gäbe es keine Cafébesuche mehr für sie, keine Erfrischungsgetränke, Züge und Interviews.

Und keine Zukunft mehr, denn wenn sie erst mal da ist, die Zukunft, verwandelt sie sich bekanntlich in Gegenwart. Auch ihre Kinder, die bisher nicht mehr waren als eine vage Vorstellung, wären bei ihrer Geburt, sprich bei ihrer Verwandlung in echte Kinder, nicht mehr so geheimnisvoll, mysteriös, imaginär. Dann würde sie sehen, wie sie wirklich waren, ob schön oder hässlich, intelligent oder dumm, lächelnd oder verdrießlich. Dann nähmen ihre Träumereien ein Ende, die Träumereien von ihren Kindern.

Das war der Gedanke, der sich so hartnäckig in ihrem Kopf einnistete. Wie merkwürdig!, dachte sie. Wenn das Warten zu Ende geht, bedeutet das auch, dass das, auf das ich so sehr gewartet habe, beginnt. Ich müsste mich über diesen Neubeginn freuen, stattdessen bin ich traurig über das Ende. Vielleicht bin ich nicht ganz normal. Sie musste wieder an ihren himmelblauen Teppich denken und bekam plötzlich das unstillbare Verlangen, in ihrem Leben noch ganz viele Eier zu legen. Das Leben nur damit zu verbringen, Eier zu legen und von Kindern zu träumen. Eine ununterbrochene Kette von geträumten Kindern. Eine Kaskade von Eiern.

Eier, Eier, Eier!

Die Ente malte sich einen wunderschönen Ort aus, eine Art Ebene mit grünen Wiesen, die plötzlich zu einer steilen Böschung wurden. Dort fielen Millionen Eier herunter und sahen aus wie die Niagarafälle. Und unten angekommen, zerbrachen sie nicht, sondern hüpften wieder hoch, spritzten wie Wassertropfen und verschwanden im Strudel eines tosenden Wildbachs.

Würden die Leute das Leben mit Eierlegen verbringen, anstatt zu glauben, dass das nur ein- oder zweimal im Leben geht, wären sie bestimmt glücklicher. Man müsste es ihnen sagen, dachte die Ente. Sagen, dass sie warten sollen. Dass sie das Leben damit verbringen sollen, zu warten, dass ein Kind nach dem anderen aus dem Ei schlüpft, jawohl.

SIEBTES KAPITEL,
in dem die Kugelschreiber ausgehen
beziehungsweise: Abenteuer in Australien

Der Wolf geht in die Stadt

Zurück am Standort, stellte der Igel das Fahrrad ganz hinten in seinem Bau unter, bedeckte es sorgfältig mit Blättern und benutzte es nicht mehr. Er kam und ging wie immer, die Bank im Schlepptau.

»Und das Fahrrad, Herr Richmond?«, fragte ihn der Wolf.

»Das hebe ich mir für das Reisen auf, Herr Wolf. Ich will nicht, dass es sich abnutzt und kaputtgeht. Außerdem ist es so, wie Sie sagen: Wenn einer bleibt, braucht er eher eine Bank.«

Der Wolf ließ die Luft aus dem aufblasbaren Rucksack, legte die Eier zurück in den Korb und nahm ebenfalls sein gewohntes Leben wieder auf: Er schrieb und brütete weiter.

Bis, an einem gewissen Punkt, die Mine des Kugelschreibers leer war vor lauter Schreiben.

Sein wunderbarer Kugelschreiber!

Er schrieb wie ein Wahnsinniger, wurde von einem solchen Gedankenstrudel fortgerissen, dass er gar nicht mehr aufhören konnte, Worte zu Papier zu bringen: Erst kam ihm eine Idee, die sofort eine weitere nach sich zog. Sie alle waren miteinander verbunden wie die Waggons eines Zugs. Und so kam es, dass der Kugelschreiber irgendwann nicht mehr schrieb. Erst hinterließ er noch einen schwachen Strich auf dem Blatt, der dann immer unleserlicher wurde, bis nur noch Weiß zu sehen war. Die Mine des Kugelschreibers kratzte umsonst auf dem Blatt herum.

Stifte gehen leider irgendwann zu Ende. So etwas kommt vor. Man rechnet nicht damit, aber irgendwann hören Stifte auf zu schreiben. Vor allem Kugelschreiber. Sie funktionieren nur begrenzt, wie aufziehbares Blechspielzeug: Auch das bewegt sich, dreht sich im Kreis und denkt keine Sekunde darüber nach, dass es stehen bleiben wird. Aber es bleibt stehen.

Wenn ein Stift zu Ende geht, ist das eine kleine Tragödie. Wir lassen uns nichts anmerken, weil wir groß und stark sind, aber wir könnten heulen. Ein Stift, der zu Ende geht, lässt uns allein und ungeschützt zurück, verwandelt die Welt in ein unnützes, sinnloses Ding: Wir können sie nicht mehr beschreiben, warum existiert sie dann trotzdem weiter? Wir fühlen uns so, als hätte man in unserem Zimmer das Licht ausgemacht. Es würde reichen, eine Ersatzmine zu haben, Nachfülltinte oder einen Ersatzkugelschreiber, und schon würde das Licht wieder angehen. Aber an so etwas muss man vorher denken. Der Wolf zum Beispiel hatte nicht daran gedacht und dementsprechend auch keinen Ersatz. Er war nur mit leichtem Gepäck von zu Hause losgezogen: mit den Eiern, seiner Segelausrüstung, der Schreibmappe und dem Stift. Ohne Ersatzminen.

Was tun? Der Wolf sah sich um. Das Grasland erstreckte sich kilometerweit, dahinter lag der Wald und hinter dem Wald die Stadt. Dahinter wiederum lagen die Dünen und sein Haus mit Meerblick.

Kein Schreibwarenladen weit und breit. Entweder er blieb ohne Kugelschreiber, oder er ging in die Stadt.

Der Wolf ging in die Stadt

Erst überlegte er, wie er das mit den Eiern machen sollte: Er konnte sie unmöglich mitnehmen, in der Stadt lauerten viel zu viele Gefahren auf die drei Eier. Sie am Standort zurückzulassen war ebenfalls riskant, denn dummerweise war sein Freund, der Igel, ausgerechnet heute nicht da: Die Igelrentner hatten ein Treffen organisiert, das er nicht versäumen wollte. Normalerweise hielt man dort ein Schwätzchen, spielte die eine oder andere Partie Boccia und trank ein schönes Glas Wein. Nichts Besonderes, aber für die armen alten Igel war das gar nicht so übel. Er hatte dem Wolf gesagt, dass er erst abends zurückkehren würde. Insofern gab es niemanden, dem er seine Eier während seiner Abwesenheit anvertrauen konnte.

Vielleicht wäre ein Safe für die Eier nicht schlecht. Mit einem Schloss oder, noch besser, mit einer Kette wie der, mit der man Fahrräder an Laternenmasten schließt, damit sie nicht geklaut werden.

Aber dann nahm der Wolf seinen ganzen Mut zusammen und sagte sich: Das ist doch ein Witz, wer klaut schon ein paar Eier? Drei, um genau zu sein. Er beschloss, dass es nichts brachte, ständig ängstlich und misstrauisch zu sein. So schlimm war die Welt auch wieder nicht, man musste einfach Vertrauen haben! Er beschloss allerdings, eine Vorsichtsmaßnahme zu ergreifen: Er brachte die Eier unter einen Baum, damit sie im Schatten lagen, und bedeckte sie mit Blättern, damit sie niemandem auf Anhieb ins Auge stachen. Er tätschelte ihre Köpfchen und sagte: »Schön brav sein!« Dann ging er mit großen Schritten davon.

In der Stadt fand er sofort den Schreibwarenladen und schaffte sich einen großzügigen Vorrat Kugelschreiber an. So lief er nicht Gefahr, bald erneut auf dem Trockenen zu sitzen. Da er schon mal da war, besuchte er auch die blonde Zeitungsverkäuferin und kaufte seine drei üblichen Zeitungen. Dann setzte er sich in die Bar Abraham unter den Arkaden und gönnte sich einen schönen Caffè macchiato. Wie lange war er schon nicht mehr da gewesen! Die Kellner freuten sich, ihn zu sehen, und es erhob sich ein fröhliches Stimmengewirr.

Der Wolf merkte gar nicht, wie die Zeit verging. Manchmal rinnt uns die Zeit durch die Finger wie Sand. Als er zum Grasland zurückkehrte, waren die Eier verschwunden.

Das ist doch nicht möglich!, dachte der Wolf verstört und begann, noch einigermaßen gefasst, die Umgebung abzusuchen. Sie können schließlich nicht weggelaufen sein, es sind ja Eier, und die haben keine Beine. Vielleicht bin ich durcheinander und habe an der falschen Stelle nachgesehen. Vielleicht suche ich nicht unter dem richtigen Baum. Vielleicht habe ich die Eier mit zu vielen Blättern bedeckt und finde sie selbst nicht mehr.

Er verbrachte Stunden damit, zwischen den Blättern herumzuwühlen. Er wühlte das halbe Grasland um, riss Halme und Büsche aus. Aber wo er auch nachsah – die Eier blieben spurlos verschwunden.

Reise nach Australien

Als Richmond bei Sonnenuntergang zurückkehrte, war der Wolf vollkommen verzweifelt. Er hielt einen Felsen umklammert und weinte: »Was soll ich nur meiner Ente sagen? Dass ich ihre Eier verloren habe? Und dann?« Die Tränen wollten gar nicht mehr aufhören zu fließen.

Der Igel, der noch nie einen Wolf hatte weinen sehen, war schwer beunruhigt und wusste nicht, wie er den Wolf trösten sollte.

»Aber … aber … aber«, stotterte er. »Aber … aber … Eier kann man doch nicht einfach so verlieren. Damit ist es doch nicht so wie mit der Zeit oder der Geduld!«

Der Wolf hörte ihm gar nicht zu. Was der Igel da faselte, kam ihm sinnloser vor denn je. Er fuhr damit fort, zu weinen.

Dabei wollte der Igel lediglich sagen, dass man höchstens Zeit oder die Geduld verlieren kann. Womit er gar nicht mal so unrecht hatte. Es gibt jede Menge Leute, die Zeit verlieren, und auch viele, die die Geduld verlieren und ihr Ziel nicht erreichen. Oder es nur mit großer Verspätung erreichen, was jedoch oft auf dasselbe hinausläuft.

Richmond, der hilflos auf der Bank saß, sah dem Wolf beim Weinen zu. Und zwar so lange, bis er einen genialen Einfall hatte. Er schaute schnell bei sich zu Hause vorbei und war im Nu mit seinen Bocciakugeln wieder da.

»Was halten Sie von einer Partie Boccia, Herr Wolf?«

Für den Igel gab es kaum etwas Schöneres als eine Partie Boccia, das kam gleich nach seinen heiß geliebten Kinobesuchen. Deshalb fand er es völlig selbstverständlich, seinem verzweifelten Freund ein Spielchen vorzuschlagen. Aber der Wolf antwortete ihm nicht einmal und hörte kein bisschen auf zu weinen. Also hatte der Igel noch einen genialen Einfall: »Dann bleibt uns nichts anderes übrig, als meinen Cousin zu fragen«, sagte er.

»Und wer soll das sein, Ihr Cousin?«, fragte der Wolf misstrauisch und tränenüberströmt.

»Mein Cousin ist … ein mächtiger Mann mit sehr spitzen Stacheln.«

»Ja und?«

»Er weiß bestimmt, wo Ihre Eier sind.«

Der Wolf verstand nicht, warum ausgerechnet spitze Stacheln dazu befähigen sollten, seine verlorenen Eier zu finden. Aber er vertraute seinem Freund, dem Igel, voll und ganz und ließ ihn gewähren.

»Nur leider wohnt mein Cousin sehr weit weg.«

»Wo?«

»In Australien.«

Der Wolf, der lange studiert hatte, wusste, dass Australien am anderen Ende der Welt liegt. Und er hielt es eigentlich für ausgeschlossen, ausgerechnet jetzt ans andere Ende der Welt zu reisen, um nach etwas zu suchen, das er wenige Meter von seinem jetzigen Standort entfernt verloren hatte. Aber er akzeptierte diesen inakzeptablen Vorschlag, weil ihm nichts Besseres einfiel. Außerdem war es immer noch besser, die Eier zu suchen, als zu warten, bis sie von selbst wieder auftauchten. So hätte er wenigstens das Gefühl, etwas zu tun, statt passiv zu bleiben.

»Da wäre nur ein klitzekleines Problem, Herr Wolf«, sagte der Igel untröstlich. »Ich weiß wirklich nicht, wie wir nach Australien kommen sollen!«

»Das lassen Sie mal meine Sorge sein!«, sagte der Wolf. »Gegen Abend kommt hier immer ein ganz bestimmtes Flugzeug vorbei, wir müssen es nur anhalten!«

»Und wie hält man ein Flugzeug an?«

»Das lassen Sie mal meine Sorge sein«, wiederholte der Wolf. »Ich bin schließlich ein Seemann!«

Der Igel verstand nicht, was einen Seemann dazu befähigte, Flugzeuge anzuhalten, hatte jedoch vollstes Vertrauen in seinen Freund, den Wolf, und ließ ihn gewähren.

Als Seemann hatte der Wolf seine Segelausrüstung zum Brüten mitgenommen: einen Rettungsreifen, ein Rettungsboot und Signalraketen. Und so schoss er mit der Signalraketenpistole eine Signalrakete in den Himmel, kurz nachdem das Flugzeug wie üblich am

Himmel aufgetaucht war. Die Signalrakete flog wenige Meter an der Nase des Flugzeugs vorbei und hinterließ einen bläulichen Rauch, der irgendwie folgende Worte bildete:

KÖNNT IHR UNS BITTE NACH AUSTRALIEN BRINGEN?

»Siehst du, was ich sehe?«, fragte der alte Jack, während er wie üblich das Gebiet überflog.

»Nein«, erwiderte der alte John.

»Aber verflixt noch mal, John! Wie kannst du das nur übersehen?«

»Was?«

»Diese Rauchwolke!«

»Keine Ahnung.«

»Wer uns wohl diese Botschaft geschickt hat?«

»Keine Ahnung.«

»Vielleicht das schwarze Pünktchen mit den Ohren?«

»Ich denke schon.«

»Das heißt der Wolf?«

»Genau.«

»Das hat er also da unten getan: Er hat darauf gewartet, nach Australien mitgenommen zu werden!«

»Genau.«

»Landen wir und nehmen ihn mit?«, fragte Jack.

»Und wie soll das gehen?«

»Wieso?«

»Es ist Zeit zum Abendessen.«

»Ach ja, genau.«

Und so sah der Wolf das Flugzeug wie jeden Abend hinter dem Hügel verschwinden.

»Das war wohl nichts mit dem Flugzeug!«, sagte der Igel. »Tut mir leid, aber dann wird das wohl auch nichts mit Australien.«

An jenem Abend ging der Igel nicht nach Hause. Er beschloss, zu bleiben und bei seinem Freund zu schlafen. In so einem tragischen Moment wollte er ihn nicht allein lassen. Er legte sich auf die Bank, konnte aber nicht einschlafen: Er dachte an Australien, an eine Möglichkeit, dorthin zu gelangen.

Der Wolf schlug währenddessen heimlich seine Schreibmappe auf, um etwas zu schreiben. Ihm war folgender Satz eingefallen:

Warten bedeutet, darauf zu warten, dass das zurückkommt, was man verloren hat. Und wenn es nicht zurückkommt, hat man das Gefühl, dass das Leben sinnlos ist.

Aber er schrieb es nicht auf. Er schrieb rein gar nichts und klappte die Mappe wieder zu. Wenn es zu einer Tragödie kommt im Leben, können die Worte nicht bleiben, sie fühlen sich dort nicht hingehörig. Also packen sie die Koffer und gehen ganz leise auf Zehenspitzen davon, um niemanden zu stören.

Und in solchen Momenten sagen wir: Uns fehlen die Worte.

Am nächsten Tag schien die Sonne. Aber der Igel war verschwunden. Als der Wolf nach einer kurzen, unruhigen Nacht wach wurde, dachte er: Nun bin ich endgültig allein!

Komisch war nur, dass die Bank noch da war, so als wäre Richmond nicht wirklich verschwunden. Tatsächlich tauchte er um zehn keuchend wieder auf und überreichte dem Wolf mit breitem Grinsen einen Umschlag.

»Da sind zwei Flugtickets drin!«, rief der Wolf bestürzt.

»Jumbojet-Tickets, um genau zu sein«, verbesserte ihn der Igel. »Das ist ein ganz schneller Jet, der uns in wenigen Stunden nach Australien bringen wird.«

Der Igel hatte die ganze Nacht kein Auge zugetan, und bei Sonnenaufgang war ihm eine Idee gekommen. So bald wie möglich war er losgeeilt, um sie in die Tat umzusetzen: Er war zur Bank gerannt und hatte sein ganzes Geld abgehoben, das er in seiner Zeit als Luftballonverkäufer gespart hatte. Es waren die Ersparnisse eines ganzen Lebens. Viel Geld war es nicht, aber für zwei Jumbojet-Tickets hatte es gereicht.

»Sie sind ein wahrer Freund, Herr Richmond!«, sagte der Wolf gerührt und legte ihm eine Pfote auf die weichen Stacheln seiner Schulter.

Blieb nur noch die Frage, was sie eigentlich in Australien wollten und wer dieser Cousin war. Kleinigkeiten, über die man getrost hinwegsehen konnte. Vom Flugzeug aus.

Das Geheimnis der Schnabeltiere

Der Wolf und der Igel flogen über Meere und Kontinente, bis sie in Australien ankamen.

Richmonds Cousin war ein Stachelschwein aus der Familie der Hystricidae, denn wie man weiß, sind Stachelschweine mit Igeln verwandt. Er hieß Histrio und war tatsächlich ein sehr mächtiger Mann. Er war Schauspieler und schmückte die Titelseiten der berühmtesten australischen Zeitschriften.

Richmond schilderte ihm die Tragödie mit den verlorenen Eiern in allen Einzelheiten.

»Und wo genau habt ihr sie verloren?«, fragte Histrio.

»Na ja, genau in der Mitte des Graslands. Sie wissen, wo das ist?«, fragte der Wolf skeptisch. »Insofern dürften wir sie wohl kaum hier finden! Entschuldigen Sie bitte die Störung, einen schönen Tag noch!«

Aber der Igel hielt ihn am Schwanz fest und bat seinen Cousin um Entschuldigung, der Wolf sei wirklich schwer entmutigt.

»Ich weiß, dass du uns helfen kannst, lieber Cousin ...«

»Lass mich nachdenken.«

Histrio durfte zwei Tage nachdenken. Anschließend tauchte er in einer Samtweste und mit Orientpantoffeln im Salon auf, reckte sich wie nach einer ausgiebigen Nachtruhe und sagte: »Ich hätte da so eine Idee ...

Vielleicht hat meine Cousine Schnabbel die Eier gestohlen. Lasst uns nachsehen!«

Bei all den Cousins und Cousinen verstand der Wolf rein gar nichts mehr. Aber jeder Widerstand war zwecklos. Also folgte er seinem Freund Richmond, der wiederum seinem Cousin Histrio folgte. Und während sie so zu dritt hintereinander hermarschierten, legten sie eine beträchtliche Strecke zurück.

Sie erreichten einen Ort an einem Fluss und traten ans Ufer.

»Schnabbel! Schnabbel!«, rief Histrio mit lauter Stimme.

Bis etwas aus einem Erdspalt auftauchte. Ein Schnabel! Man sah nur einen riesigen Schnabel.

»Ach du meine Güte!«, rief der Wolf. »Eine Ente!«

Dann sah man nur einen riesigen flachen langen Schwanz.

»Ach du meine Güte, ein Biber!«

Endlich tauchte eine Gestalt mit feinem dunkelbraunem Fell auf, das genauso aussah wie das eines…

»Ein Maulwurf!«, rief der Wolf, mittlerweile völlig verwirrt.

Nein, es war ein Schnabeltier.

Oder, besser gesagt, ein Schnabeltierweibchen. Es hieß Schnabbel Thier und war die Cousine von Histrio, dem Stachelschwein. Denn Stachelschweine und Schnabeltiere sind bekanntlich miteinander verwandt.

»Hallo, Schnabbel, wie geht es dir?«, sagte Histrio.

»G–gut«, stammelte Schnabbel. Sie wirkte schüchtern und peinlich berührt.

»Warum kommst du nicht aus deinem Bau?«, fragte das Stachelschwein forschend.

»Mir ist k-kalt...«

»Schnabbelchen, Liebes, hier herrscht eine australische Hitze! Du versteckst doch nicht etwas vor uns?«

»N-nein, nein...«

»Zeig doch mal!« Sanft, aber resolut zwang er Schnabbel, hervorzukommen. Daraufhin wagte er sich mit einer Stirnlampe in den feuchten Bau hinein.

Er kehrte mit drei Eiern im Arm zurück.

»Schnabbel!«, sagte er streng. »Nie hätte ich so etwas von dir gedacht!«

Das Schnabeltier versteckte den Schnabel zwischen den Vorderpfoten, so sehr schämte es sich.

»Na gut, zugegeben. Ich habe sie geklaut«, gab es mit dünner Stimme zu. »Aber ich ... ich wollte niemandem schaden. Ich ... ich war das nicht!«

»Und wer war es dann?«, fragte der Wolf, bekam aber keine Antwort.

Gegen Abend kam Schnabbels Mann nach Hause, ein altes Schnabeltier mit Hut, weißen Koteletten, einem schönen schwarzen Samtmantel mit Samtkragen und einem großen weißen Seidenschal: ein sehr vornehmer Herr.

»Abel, Liebling ...«, sagte Schnabbel und lief ihm entgegen. »Wir sind aufgeflogen, sie wissen alles und jetzt ... Diese Eier gehören dem Wolf, und jetzt müssen wir sie ihm zurückgeben!«

Herr Abel Thier, ein Deutschamerikaner, der vor

Jahren nach Australien ausgewandert war, um dort sein Glück zu machen, sagte kein Wort. Langsam legte er seinen Schal ab, schlüpfte aus seinem Mantel, hängte ihn an die Garderobe im Flur, schenkte sich einen Whisky ein, gab zwei Eiswürfel hinein, setzte sich in den Sessel und schwieg ziemlich lange.

»Ich weiß«, sagte er schließlich, »das müssen wir wohl.«

Dann rief er seine Frau zu sich, ließ sie neben sich Platz nehmen, wofür er ihr ein bequemes Eckchen auf seinem Sessel frei machte, legte ihr eine Pfote um die Schultern, liebkoste sie überaus zärtlich und sagte zum Wolf:

»Wissen Sie, wir beide reisen viel um die Welt. Und überall setzt sich Schnabbel etwas anderes in den Kopf: Mal ist es eine Perlenkette, mal ein Stofftier, mal ein Hütchen, ein Schirmständer, eine Seife mit Himbeerduft, ein Fahrrad … Und diesmal waren es Ihre Eier, Herr Wolf!«

Er senkte den Blick und schwieg.

»Was soll ich Ihnen sagen …«, fuhr er fort. »Ich bin vor vielen Jahren nach Australien ausgewandert und habe es weit gebracht: Heute bin ich ein wichtiger Hersteller von Töpfen und artverwandten Produkten.«

Im Kopf des Wolfs bildete sich eine große Frage: Was wohl diese mit Töpfen artverwandten Produkte sein mochten? Denn Töpfe sind Töpfe und damit basta. Aber er behielt die Frage für sich und hörte aufmerksam zu.

»Wir haben jede Menge Geld«, fuhr Herr Thier fort,

»aber wir konnten keine Kinder bekommen. Schnabbel ist alles, was ich habe, ich würde alles für sie tun ...«
Er verstummte.

Der Wolf sah ihn an. Schon, schon, aber meine Eier klauen ..., dachte er verärgert. Mit meinen Kindern drin! Er hätte diesem Herrn gern die Meinung gesagt, hielt sich jedoch vornehm zurück. Ein bisschen taten ihm diese reichen, einsamen Schnabeltiere auch leid. Deshalb fragte er nur: »Entschuldigen Sie, Herr Thier, aber was macht Ihre Frau mit meinen Eiern?«

»Sie spielt damit, sehen Sie? Sie hat gelernt, sie in die Luft zu werfen, eines nach dem anderen. Und sie fängt sie alle wieder auf, sie ist wirklich eine fantastische Jongleurin, finden Sie nicht?«

Schnabbel gab gerade eine Kostprobe ihres Könnens zum Besten: Sie ließ die Eier hoch in der Luft kreisen, die ihr jedes Mal wieder in die Hand fielen. Das letzte balancierte sie perfekt auf ihrem breiten Schnabel. Ein echtes Kunststück!

»Was soll ich Ihnen sagen ...«, fuhr das Schnabeltier fort. »Da wir keine eigenen Kinder haben, ist sie selbst ein wenig wie ein Kind geworden ...«

»Das kann ich gut verstehen, aber sehen Sie, meine Eier müssen ausgebrütet werden. Ich möchte gar nicht daran denken, aber was, wenn sie tot sind?«

»Nein!«, schrie Schnabbel verzweifelt. »Nein, nein, so hört mir doch zu: Ihre Herzen schlagen!«

Mit diesen Worten reichte sie den anderen ein Ei nach dem anderen an, damit sie es ans Ohr hielten wie eine Muschel und hörten, dass darin nach wie vor ein Herz schlug.

»Sie sind nicht tot …«, fügte sie mit leiser Stimme hinzu, während sie beschämt den Schnabel zwischen den Pfoten versteckte. Von dort aus murmelte sie, die Eier seien keinesfalls tot, das hätte ja gerade noch gefehlt!

»Das kann gar nicht sein, denn ich … denn ich …«

»Was? Jetzt mach doch endlich mal den Schnabel auf, Schnabbel, heraus mit der Sprache!«

»Weil ich sie bebrütet habe.«

Erstauntes Schweigen.

»Du hast was?«, fragte ihr Mann ungläubig.

»Ich habe sie bebrütet.«

Wie sich herausstellte, hatte sich Schnabbel, als niemand sie sehen konnte, nicht einmal ihr Mann, auf die Eier gelegt und sie mit Armen und Beinen umarmt, damit sie es so warm wie möglich hatten. Sie hatte sie bebrütet!

»Das war die schönste Zeit meines Lebens …«, sagte sie mit gesenktem Blick, die Eier im Arm.

Alle weinten vor Rührung, vor allem ihr Mann. Der Arme musste erfahren, dass seine Frau heimlich gebrütet hatte!

Alle sahen sie mitleidig an. Im Moment ließ sie die Eier auf dem Boden rotieren und dann wie Kreisel um sich selbst drehen. Aber ganz langsam und sanft. Sie wusste, dass es nicht ihre Eier waren. Sie hatte es die ganze Zeit über gewusst. Und sie war froh, sie ihrem rechtmäßigen Besitzer zurückgeben zu können, der noch dazu so ein anständiger Wolf war! Aber gleichzeitig war sie unendlich traurig, weil sie die Eier lieb gewonnen hatte und ein wenig auch als die ihren betrachtete.

Schnabeltiere sind bekanntlich äußerst merkwürdige Tiere: Es sind Säugetiere, sie legen aber Eier. Sie haben Fell und vier Beine, aber auch einen Schnabel … Wie kann das sein? Je länger er sie betrachtete, desto mehr musste der Wolf an seine Ente denken und wurde ganz gerührt. Im Grunde war Schnabbel eine Ente mit Pelz, die nie Eier bekommen hatte.

Der Wolf wusste nicht so recht, was er tun sollte. Er hätte diesen netten Herrschaften gern geholfen, aber die Eier konnte er ihnen schlecht schenken, sie gehörten schließlich ihm! Also gab er ihnen eine Visitenkarte mit Namen und Adresse.

»Kommt uns besuchen«, sagte er. »Wenn die Kleinen auf der Welt sind, feiern wir alle ein großes Fest.«

Auf dem Rückflug drückte der Wolf seine wiedergefundenen Eier an sich. Hoffentlich wird ihnen nicht schlecht, dachte er und bewunderte den Himmel über den Wolken.

Als sie das Grasland erreichten, stand die Sonne noch hoch am Himmel, und der Wolf sagte zum Igel: »Wie wär's jetzt mit einer Partie Boccia?«

Der Igel konnte sein Glück kaum fassen und lief los, um die Bocciakugeln zu holen. Sie spielten, bis es Abend wurde, und jedes Mal gewann der Igel. Der

Wolf sah, wie er überlegte und dann die kleine Kugel traf oder eine andere in der Mitte erwischte. Sein Freund spielte wirklich fantastisch, das musste man ihm lassen. Er war einfach nicht zu schlagen!

»Richmond, aber eines musst du mir noch verraten«, sagte er mitten in der Nacht, bevor er ihn nach Hause ziehen ließ. »Woher wusstest du eigentlich, dass dein Cousin den Eierdieb kennt?«

»Das wusste ich gar nicht.«

»Aber wie ...«

»Ich bin allein. Mir ist nur ein einziger Cousin geblieben. Wen hätte ich sonst um Hilfe bitten sollen?«

Was haben Verwandte nur für eine Macht!, dachte der Wolf. Und legte sich selig schlafen, ohne zu bemerken, dass die Zeit langsam ablief und der achtundzwanzigste Tag immer näher rückte.

Blumenzwiebeln

Am nächsten Morgen frühstückte der Wolf ganz früh. Er war wieder allein in seinem einsamen, heiß geliebten Grasland und brütete. Er dachte an die Gefahren, in die er sich begeben hatte, an die Katastrophe, die Eier zu verlieren, der er nur um ein Haar entgangen war. Er war glücklich, kam aber nicht umhin, auch ein bisschen traurig zu sein.

Komisch: Wenn wir einer Gefahr entgehen, zum Beispiel wenn ein riesiger Felsbrocken nur wenige

Meter von uns entfernt vom Himmel fällt, sind wir unserem Schicksal dankbar und halten uns für außergewöhnlich glücklich. Trotzdem kommen wir nicht umhin zu denken, dass er nur einen Meter weiter links oder rechts hätte herunterfallen müssen, um uns zu treffen, und dann wäre unser Leben vorbei gewesen. Es lag also durchaus im Rahmen des Möglichen, ist aber nicht passiert. Dann fällt eine Art Schatten auf unser Leben. Wir begreifen, dass ein vermiedenes Unglück immer auch ein mögliches Unglück ist. Und genau diese winzige Möglichkeit, die Ahnung der Katastrophe, jagt uns einen ungeheuren Schrecken ein. So ähnlich wie ein böses Tier, das uns hinter einem Baum auflauert. Eines, das wir nur ganz kurz sehen und danach nie mehr. Aber das spielt keine Rolle, denn wir haben es trotzdem gesehen, und es wird nie aufhören, uns Angst einzujagen.

Und so brütete der Wolf, den Kopf voller schwieriger Gedanken. Und obwohl es noch früh am Morgen war, bekam er eine unstillbare Lust, zu schreiben, und schrieb:

Das Warten ist alles, was noch von einem bleibt, nachdem man sich in große Gefahr begeben hat.

Er las es sich noch einmal durch. Nicht schlecht. Aber dann kam ihm ein noch besserer Gedanke. Er ging ihm so schnell durch den Kopf, dass er Angst hatte, er würde ihm entgleiten. Er griff schleunigst nach einem weiteren Blatt und notierte ihn.

Diesen neuen Gedanken hielt er für genial. Er nannte ihn den »Blumenzwiebelgedanken« und beschloss, ihn seiner Ente zu schenken, die so gern Blumen pflanzte.

Überschrift: »Nicht nur Kinder, auch Blumenzwiebeln«

Lieber Leser, wenn du ein paar hässliche Knollen, auch Blumenzwiebeln genannt, in die Erde steckst, solltest du sie dir vorher gut ansehen und dir klarmachen, dass sie alle mehr oder weniger gleich und verwechselbar aussehen.

Es sind namenlose Knollen, denn du hast vergessen, welche Blumenzwiebeln du gekauft hast. Oder aber du hast sie in der Tüte durcheinandergeschüttelt und das war's dann! Du kannst sie nicht mehr auseinanderhalten.

Also hast du keine Ahnung, welche Blumen daraus entstehen werden.

Du vergisst sogar, dass du überhaupt welche hast, nachdem du sie in die Erde gesteckt hast. Du weißt weder, dass, noch wo, noch wann sie aus der Erde kommen, deine Blumen.

Bis sie im Frühling auf die Welt kommen. Dann kannst du endlich sehen, was du gepflanzt hast!

Die Geburt der Blumen…

Tulpen, Hyazinthen, Lilien, Maiglöckchen und Narzissen: die reinste Blütenpracht!

Und das Schönste daran ist – aber das weißt du selbst am allerbesten –, dass du die Blumenzwiebeln völlig vergessen hast. Du wusstest weder, was sie waren, noch, dass du sie jemals in die Erde gesteckt hast.

Na, was meinst du?

Er liebte es, sich direkt an den Leser zu wenden, denn so fühlte er sich weniger einsam. Denn man ist so einsam, wenn man schreibt!

An jenem Tag hatte der Wolf angefangen zu schreiben, obwohl es noch früh am Morgen war. Vielleicht weil er sich einsamer fühlte als sonst. Er hatte nicht darüber nachgedacht. Er war immer noch völlig durcheinander, weil er die Eier verloren und dann wiedergefunden hatte, sodass er nicht darauf achtete. Er ließ sich gehen. Vielleicht wollte er sich auch belohnen.

Morgens schreiben zu können ist eine Belohnung. Ein Geschenk, das man sich heimlich gönnt. Das ist etwas ganz anderes, als nachmittags oder abends zu schreiben, wenn alles langsamer und leiser und schließlich nachts zu nichts wird. Der Morgen ist ein Anfang, am Morgen bricht man auf: Die Leute stehen auf, ziehen sich an, gehen zur Arbeit, Autos setzen sich in Bewegung, Fensterläden werden geöffnet, Handys angemacht. Alle fangen von vorn an. Aber nicht, wer morgens schreibt. Der setzt sich nicht in Bewegung, der bricht nicht auf, der schreibt. Und ist eine Art Störfaktor im Universum: Alle kreisen wie Kreisel um sich selbst und erledigen ihre Pflichten, aber derjenige, der schreibt, kreist nicht, tut nichts, beginnt nicht. Was für ein Skandal! Er gönnt sich den unglaublichen Luxus, ruhig dazusitzen und zuzusehen, wie die anderen von vorn anfangen. Er stiehlt dem Alltag ein wenig Zeit, begibt sich in eine andere Rolle und wird so unauffindbar.

Der Wolf schrieb jeden Morgen. Er schrieb von

Natur aus am liebsten morgens, wenn noch alles vom Sonnenaufgang und frischem Kaffee durchtränkt war. Erst als er beschlossen hatte, zu brüten, um nicht mehr zu schreiben, hatte er sich auferlegt, erst abends zu schreiben, wenn es dunkel war und ihn niemand mehr sah. Fast so, als würde er es gar nicht tun.

Aber an jenem Morgen war er unachtsam und begann zu schreiben. Und wurde von Richmond entdeckt.

Als er kam, zog er wie üblich seine Bank hinter sich her und sah schon von Weitem, dass der Wolf etwas Verdächtiges tat. Aus der Nähe sah er dann die Mappe mit den losen Blättern und den Kugelschreiber, der über die Seiten flog. Währenddessen hatte der Wolf die Schnauze gesenkt und sah konzentriert nach unten.

»Aber … Herr Wolf, Sie schreiben ja!«, rief er, und vor lauter Überraschung fiel ihm die Bank fast auf die Füße.

Der Wolf hob langsam die Schnauze und gestand, die Augen noch voller Worte: »Leugnen ist zwecklos, ja, ich schreibe.«

»Aber … aber sagten Sie nicht, Sie wollten weniger abstrakt sein?«

»Ja, schon.«

»Aber … das haben Sie nicht geschafft?«

»Äh, nein.«

Der Wolf musste dem Igel, aber vor allem sich selbst sein Scheitern eingestehen. Er hatte brüten wollen, um weniger abstrakt zu sein, war es aber sogar noch beim Brüten geblieben. Er hatte also völlig umsonst gebrütet!

Sie schwiegen eine Weile. Aus der Ferne hörte man einen Bach rauschen.

»Machen Sie sich keine Sorgen, Herr Wolf«, tröstete ihn der gute Richmond, »auch ich wollte als junger Mann gern ein Murmeltier werden, mit weichem Fell, ganz ohne Stacheln. Aber wie Sie sehen, bin ich ein Igel geblieben ...«

ACHTES KAPITEL,

in dem sich alle völlig verloren vorkommen,
dann aber doch tun, was sie tun müssen,
und finden, was sie finden sollen

Das Schutzeichhörnchen

Nachdem die Ente aus dem Zug der Truthähne geflohen war, legte sie sich auf den Rücken und sonnte sich. Trotzdem entging sie nicht dem Anruf des Chefredakteurs Strauss: »So so, Sie sind also die Journalistin, die für meine Zeitung arbeitet? Wie heißen Sie gleich wieder, mein Fräulein? Und die Interviews? Wie viele bekomme ich heute?«

Es wurde langsam ernst: Der Chefredakteur nannte sie nach wie vor »Fräulein«, weil er sich ihren Namen nicht merken konnte. Sie dagegen hatte kein einziges Interview an die Zeitung geschickt. Aber es war schließlich nicht ihre Schuld, dass der Präsident in der Brühe versunken und die Schönheit über die Wiesen davongehüpft war. Dass die Manager im Wirbelwindzug kreischten, ohne sie einer Antwort für würdig zu befinden.

Aber irgendwas musste sie schließlich tun, um die Zukunft in die Hand zu nehmen – die der Welt, der Zeitung, aber auch die ihre. Sie hörte auf, sich zu sonnen, und lief eine stark befahrene Straße entlang, auf der viele Menschen unterwegs waren. Von jedem, dem sie begegnete, wollte sie wissen, ob er mächtig sei.

Alle antworteten: Ja, natürlich seien sie mächtig. Der Klempner war mächtig, da durch die gebrochenen Rohre ohne ihn alles überflutet worden wäre. Die

Kuh gab Milch, ohne die niemand hätte frühstücken können. Der Arzt war mächtig, da die Kranken ohne ihn gestorben wären. Die Hausfrau polierte das Haus auf Hochglanz, und ohne sie wäre es unter Staub begraben worden. Der Hase war mächtig, weil er eine so schnelle Beute war, dass alle hinter ihm herrannten. Wenn es ihn nicht gäbe, würde niemand mehr niemandem hinterherrennen, und die Welt würde stehen bleiben. Der Autofahrer konnte Passanten überfahren, wenn er wollte, aber aus lauter Gutmütigkeit tat er es nicht oder versuchte es zumindest.

So gesehen waren alle mächtig. Wie langweilig! Anstatt einen nach dem anderen geduldig zu interviewen, wurde die Ente ihre Frage schnell leid. Sie hatte keine Lust mehr auf die Zeitung, auf den Chefredakteur, auf Interviews mit Milliarden von Mächtigen, die die Welt überschwemmten. Sie verließ die Straßen voller Autos und Menschen, bog in eine Seitenstraße ein und suchte ein wenig Ruhe beziehungsweise nichts und niemanden.

Sie erreichte ein Waldstück. Und ausgerechnet dort, wo es wahrhaftig nichts und niemanden gab, traf sie ein kleines Eichhörnchen, das auf einem Zweig saß und eifrig an einer Nuss knabberte.

»Oh nein! Du bist bestimmt auch mächtig, oder?«, fragte sie resigniert.

»Mächtig? Warum sollte ich mächtig sein?«

»Na ja … weil hier alle mächtig sind.«

»Wo ›hier‹?«

»Hier auf der Erde.«

»Aber ich bin nicht auf der Erde, sondern sitze auf einem Zweig. Wie soll ich da mächtig sein?«

Die Ente war gespannt, wie dieses Gespräch weitergehen würde.

»Du willst mir also sagen, liebes Eichhörnchen, dass man, wenn man nicht auf der Erde ist, wenn man sich davon löst, nicht mächtig sein kann?«

»Ja genau, wenn man sich davon löst. Denn Luft ist Luft!«

»Was soll das heißen?«

»Luft, aus was besteht Luft? Aus gar nichts! Überleg doch mal: Wie soll man über … nichts Macht ausüben?«

»Also nur wer auf einem Zweig sitzt, kann nicht mächtig sein?«

»Ja, genau.«

»Aber ich sehe nur Vögel auf Zweigen sitzen.«

»Weil du nicht genau hinschaust. Hier in den Zweigen wimmelt es nur so von Leuten.«

»Zum Beispiel?«

»Zum Beispiel … zum Beispiel von Geckos, Eidechsen, Pandas, Waschbären, Affen, Hirschkälbern, Lämmern …«

»Wie soll denn das gehen? Hirschkälber und Lämmer leben nicht auf Zweigen!«

»Das behauptest du! Wer sanft und zahm ist, löst sich von der Erde. Und muss zwangsläufig auf Zweigen leben. Was soll er denn sonst tun, soll er vielleicht mitten in diesem Chaos bleiben und zusehen, wie sein Leben verrinnt? Wenn du die Nichtmächtigen suchst, wirst du sie auf den Zweigen finden …«

»Gibt es denn überhaupt so etwas wie Nichtmächtige?«

»Natürlich gibt es die … Das sind diejenigen, denen nichts an der Macht liegt. Keine Ahnung, Leute, die lieber spielen, singen, tanzen, pfeifen …«

»Pfeifen?«

»Pfeifen! Pfeifst du etwa nicht? Ich für meinen Teil pfeife sehr oft … Aber das führt jetzt zu weit, und ich muss los«, sagte das Eichhörnchen zur Ente, zwischen einem Happen Nuss und dem nächsten. Als es alle Nüsse aufgegessen hatte, hüpfte es von Zweig zu Zweig, von Baum zu Baum, und zwar so schnell, dass es innerhalb einer Sekunde bereits meilenweit weg war.

»He, komm zurück! Ich versteh rein gar nichts mehr!«, rief die Ente verzweifelt, weil das sympathische Eichhörnchen auf Nimmerwiedersehen verschwunden war. »Du bist mein erster Nichtmächtiger, ich bitte dich, ich muss dich interviewen!«

Also lief das Eichhörnchen den Weg zurück, den es gekommen war, und sprang von Zweig zu Zweig, bis es der Ente gegenübersaß. Dann sagte es mit fester, tiefer Stimme: »Ich bin nicht nur ein einfacher Nichtmächtiger. Ich bin ein Eichhörnchen. Und wir Eichhörnchen sind noch viel mehr: Wir beschützen die Nichtmächtigen!«

»Beschützen?«, fragte die Ente neugierig.

»Ja. Jedem Nichtmächtigen ist ein Eichhörnchen zur Seite gestellt. Und wenn es nicht an seiner Seite ist, dann wenigstens in seiner Nähe. Das Eichhörnchen von nebenan zum Beispiel oder von gegenüber. Du kannst das gern überprüfen. Jedes Mal wenn du auf ein Eichhörnchen stößt, siehst du dich um: Mit Sicherheit wirst du einen Nichtmächtigen entdecken.«

»Aber warum? Was haben Eichhörnchen mit Leuten zu tun, die nicht mächtig sein wollen?«

»Das weiß ich auch nicht. Ich weiß nur, dass uns diese Aufgabe zugewiesen wurde: Wir müssen sie begleiten, beschützen und verteidigen. Denn diejenigen, die keine Macht haben, sollten wenigstens ein Eichhörnchen haben, findest du nicht? Sie brauchen uns, sie sind so zerbrechlich und schutzlos … Und wir beschützen sie!«

»Seid ihr ihre Schutzengel?«

»So etwas Ähnliches, kleine Ente. Aber jetzt muss ich wirklich los. Ich habe so das ungute Gefühl, dass mein Schützling dabei ist, in Schwierigkeiten zu geraten. Ich muss mich beeilen, denn er wird mich bald brauchen.«

»Und wer ist das, dein Schützling?«

Aber das Eichhörnchen war schon viel zu weit weg, und seine Antwort verlor sich zwischen den Zweigen.

Der Timer klingelt

Bei Anbruch des siebenundzwanzigsten Tages dachte die Ente überhaupt nicht daran, dass es der siebenundzwanzigste Tag war. Sie suchte immer noch überall nach dem Eichhörnchen, und zwar so konzentriert, dass sie todmüde war. Also machte sie eine Pause und begann, sich im Kreis zu drehen, etwas herumzuflattern und ein paar kurze Bäder in verschiedenen Teichen zu nehmen. Sie tauchte und fing ein paar Fische.

Ausgerechnet während eines ihrer Tauchgänge klingelte der Timer.

Er klingelte, weil er klingeln musste: Es war genau der richtige Zeitpunkt, die vierundzwanzigste Stunde vor dem achtundzwanzigsten Tag. Uhren und ähnliche Apparate tun genau das. Wir denken nie darüber nach, wenn wir beispielsweise einen Wecker stellen. Wir denken nie darüber nach, dass er genau zum gewünschten Zeitpunkt klingeln wird, und zwar völlig unabhängig davon, was wir gerade tun oder lassen. Genauso wenig können wir vorhersehen, was wir in jenem Moment tun oder lassen werden. Wir stellen ihn, *damit* er uns aus etwas Unpassendem herausreißt wie Schlafen, Angeln oder Einen-Drachen-steigen-Lassen. Er klingelt, damit wir aufhören zu tun, was wir gerade tun, denn das ist seine Aufgabe.

Der Timer am Handgelenk der Ente klingelte in einer Lautstärke, dass der Teich Wellen schlug, die Algen durcheinandergewirbelt wurden und sogar die Hechte erschraken. Obwohl es nur ein kleiner Teich war, schien ein regelrechtes Seebeben darin stattzufinden.

Die Ente zuckte zusammen und tauchte sofort auf. Kein Problem, dachte sie, jetzt gehe ich aus dem Wasser, trockne mich kurz ab und mache mich auf den Weg nach Hause ... Da sie eine brave, treue Ente war, glaubte sie, vorher noch kündigen zu müssen. Sie konnte den Chefredakteur Strauss nicht einfach so in der Luft hängen lassen und rief ihn an.

»Wie geht es Ihnen, mein Fräulein Pseudo Ende?«

»Gut! Sie haben sich meinen Namen gemerkt, Herr Chefredakteur … Ich wollte Ihnen nur sagen, dass der Tinmer geklingelt hat und ich kündige, weil ich zu meinen Eiern eilen muss.«

Schweigen.

»Herr Chefredakteur, sind Sie noch dran?«

»Mein Fräulein, ich denke noch nach … Ihre Eier, sind die mächtig? Glauben Sie, Sie könnten sie interviewen? Es dürfte unseren Lesern gefallen, die Welt einmal aus der Perspektive eines Eis zu sehen, hahaha!«

In diesem Moment hielt es die Ente nicht mehr aus und sagte: »Herr Chefredakteur, habe ich Ihnen eigentlich schon mal gesagt, dass ich Ihr Lachen nicht ertragen kann? Und wenn Sie es ganz genau wissen wollen, verstehe ich auch nicht, warum der Chefredakteur einer Zeitung so viel zu lachen hat. Darf ich wissen, was es da zu lachen gibt?«

Mit diesen Worten legte sie auf. Schluss damit! Jetzt würde sie die Stimme dieses Vogel Strauss nie mehr hören müssen!

Schluss damit!, dachte der Vogel Strauss, während er auflegte. Ich bin diese Ente satt! Er ließ sich von der Katze Milly Brutaz den Arbeitsvertrag der Ente bringen und zermalmte das Papier genüsslich Bissen für Bissen.

Und so war die journalistische Karriere der Ente

beendet, ohne dass sie richtig angefangen hatte. Doch aus diesem eigentlich sehr privaten Ereignis ergaben sich weitreichende Konsequenzen. Die Zeitung *Words in the Wind* brachte die Reihe Interviews mit dem Titel »Superpower« nie heraus. Daraufhin stellte die Zeitung *Wind in the Words* ihre Rubrik mit dem Titel »Power« ein, denn die hatte sich erübrigt, schließlich gab es keine Konkurrenz mehr. Daraufhin wiederum lasen die Leute keine Zeitung mehr, denn ohne Interviews der Mächtigen fanden sie sie auf einmal langweilig. So kam es, dass die Zeitungen – was für eine Sensation! – auf einmal aufhörten zu existieren.

Doch vom Schicksal der Zeitungen einmal abgesehen, ist die Nachricht folgende: Die Ente wurde nie Journalistin. Und in dem kurzen Zeitraum, in dem sie sich einbildete, eine zu sein, hatte sie nicht das Geringste gelernt. Insofern blieben ihre beiden Probleme leider ungelöst: Sie würde ihren Kindern keinen Beruf nennen können, ganz einfach, weil sie keinen Beruf hatte. Und abends vor dem Kamin würde sie ihnen rein gar nichts von der Welt erzählen können, denn aus der Welt war sie kein bisschen schlau geworden.

Aber in diesem Moment kümmerte das die Ente herzlich wenig, weder das mit dem Journalismus noch irgendetwas anderes. Sie hatte Besseres zu tun, nämlich schleunigst nach Hause zurückzukehren. Sie spürte diese gewisse Angst, so eine Mischung aus Furcht, Freude und Neugier, die alle werdenden Eltern befällt. Aber die Neugier behielt die Oberhand: Welche Farbe werden meine Kinder haben? Werden sie einen Ringel- oder einen geraden Schwanz haben? Braune oder mausgraue Augen?

Mit diesen Gedanken lief sie los. Aber schon nach zwei Schritten bemerkte sie etwas Entsetzliches: Sie hatte keine Ahnung, wo sie sich gerade befand, und wusste insofern auch nicht, welche Richtung sie einschlagen musste. Sie hatte die Orientierung verloren. Lass mich mal überlegen, dachte sie. Das Letzte, an das ich mich erinnere, ist Afrika. Dort habe ich den Löwen besucht. Und dann?

Aber dann hatte die Ente nach der Schönheit gesucht und einen Zug genommen, der niemals anhielt. Sie hatte nicht die geringste Ahnung, wo sie gelandet war. Sie hatte nicht darauf geachtet. Sie war einfach weitergegangen. Oder zurück, wer weiß das schon. Sie hatte zu viel auf einmal gemacht, sie hatte sich in Bewegung gesetzt, den Standort und die Position gewechselt, und genau das war das Problem: Es war besser, zu bleiben, wo man war.

Sie versuchte, in eine Richtung geradeaus zu fliegen, aber nichts kam ihr bekannt vor. Also versuchte sie es mit der entgegengesetzten Richtung, aber auch da war sie aufgeschmissen. Sie fragte Passanten, ob diese wüssten, wo sie zu Hause wäre. Aber die gingen einfach vorbei, ohne ihr zu antworten.

Nach ein paar Stunden war sie todmüde und verzweifelt. Ach, wenn nur ihr Wolf hier gewesen wäre, um ihr zu helfen! Wenn er doch ein Handy hätte! Dann könnte sie ihn benachrichtigen, sich abholen lassen ... Dann käme er herbeigerannt, um sie in die

Arme zu schließen und im Nu nach Hause zurückzubringen … Aber mit diesem Sturkopf von Wolf konnte man ja nicht reden! Er hatte nie ein Handy haben wollen, hielt es für modernes Teufelszeug, für eine Falle, die einem die Ruhe raubt, um nachzudenken.

Ihr wurde klar, dass sie verloren war.

»Hilfe!«, hauchte sie, an niemand Besonderen gerichtet, da nichts und niemand zugegen war. Sie spürte, wie sie ohnmächtig wurde.

Die Glasscheibe und die Gedankenessenz

Bei Anbruch des siebenundzwanzigsten Tages wachte der Wolf nicht auf.

Und zwar deshalb, weil er in jener Nacht kein Auge zugetan hatte. Und wenn man nicht schläft, kann man auch nicht aufwachen. Er machte sich Sorgen. Er hatte gehofft, die Ente würde ein paar Tage früher zurückkehren, um die letzten Momente mit ihm gemeinsam zu genießen. Aber jetzt fehlte nur noch ein Tag bis zum Schlüpfen der Küken. Die schicksalhaften letzten vierundzwanzig Stunden hatten begonnen, und von seiner Ente fehlte jede Spur. Was, wenn sie nicht kommt? Wenn sie in Schwierigkeiten steckt?

In diesem Moment bereute es der Wolf sehr, nie ein Handy gewollt zu haben. Was war ich nur für ein Dummkopf mit meiner Technikverweigerung!, dachte er. Was für eine Katastrophe! Jetzt saß er alleine vor seinen Eiern, aus denen bald Küken schlüpfen würden. Würde er es schaffen? War ein so einsamer Wolf überhaupt in der Lage, der Geburt seiner Küken beizuwohnen? Die Realität, die er unbedingt hatte erleben wollen, kam ihm plötzlich so wahnsinnig … real vor!

Er beschloss, sich in Geduld zu üben und zu warten, bis die letzte Minute verstrichen wäre. Aber die Ente kam nicht. Nun, aus irgendeinem Grund hatte die Ente die Verabredung nicht wahrnehmen können. Vielleicht hatte der Timer nicht funktioniert, entschuldigte sie der Wolf insgeheim. Daran, dass sie ihn und die Eier vielleicht vergessen hatte, abgelenkt war oder sich für andere Dinge interessierte, wollte er gar nicht denken.

Ich darf den Mut nicht verlieren, ich habe schließlich noch einen ganzen Tag vor mir und muss mich um das Wohl unserer Eier kümmern. Er überlegte, was er für ihre Geburt benötigen würde. Er dachte an einen geschützten Ort, wo die frisch geschlüpften Küken nicht frieren würden und wo es etwas zu essen gab, falls sie hungrig zur Welt kämen.

Das Essen war sein geringstes Problem: Er bereitete drei kleine Schälchen mit ein paar frischen Kräutern und drei oder vier Würmern vor. Aber einen geschützten Ort konnte er in seiner Nähe nicht entdecken, denn das Grasland war eine sich weit erstreckende Wiese und damit basta. Wie sollte er die Kleinen dort vor Kälte schützen? Solange sie noch Eier waren, war das nicht weiter schwierig: Man bebrütete sie. Aber was, wenn sie erst mal geschlüpft waren? Würde sein Wolfsfell ausreichen, um sie zu wärmen?

Er musste zurück in die Stadt und einen Windschutz kaufen. Aber diesmal ließ er die Eier nicht allein auf der Wiese zurück, er konnte nicht riskieren, sie noch einmal zu verlieren. Er wartete, bis der Igel kam, und vertraute sie ihm mit den Worten an: »Passen Sie gut auf sie auf, Herr Richmond!«

Mit großen Schritten erreichte er die Stadt.

»Habt ihr einen Windschutz für frisch geschlüpfte Welpenküken?«, fragte er in den Geschäften, die Hundehütten und Vogelkäfige verkauften.

»Für Welpen oder Küken?«, fragte der Verkäufer, der gerade Dienst hatte.

»Für Welpenküken.«

»Das ist aber ein Unterschied. Wenn es Welpen sind, verkaufen wir Ihnen eine Hütte. Wenn nicht, einen Käfig.«

Der Wolf fühlte sich in die Enge getrieben. Er erklärte, dass er weder das eine noch das andere wolle, denn seine Kinder wären etwas Besonderes. Im Moment wisse nicht einmal er, der Vater, wie sie zur Welt kommen würden – ob als Welpen oder Küken.

»Ich möchte nur nicht, dass sie frieren«, sagte er.

»Aber ich bitte Sie, dann brauchen Sie doch einfach nur Hauswände!«, erwiderte der Verkäufer genervt.

Stimmt, das Haus … Ein Haus hatte der Wolf, und ob er eines hatte! Ein schönes, bequemes Haus, oben auf den Dünen am Meer. Aber dorthin konnte er unmöglich zurück: Er hatte es verlassen, um draußen in der Welt zu brüten. Er hatte siebenundzwanzig Tage – so lange, wie das Brüten eben dauerte – draußen im Grünen unter freiem Himmel verbracht. Er hatte seinen Standort lieb gewonnen, seine Kinder konnten unmöglich woanders zur Welt kommen, denn dann hätte er sie entwurzelt, und zwar im wahrsten Sinne des Wortes: Wenn seine drei Eier in der Wiese des Graslands Wurzeln geschlagen hatten, durfte er auf keinen Fall so brutal und unsensibel sein und sie von dort wegbringen!

Aber die Idee mit den Wänden war gut. Sie war sogar sehr gut. Deshalb zog er los, um vier Wände zu kaufen. Er hatte vor, sie so um die Eier herum aufzubauen, dass sie eine Art Zimmer bildeten. Ein Eierzimmer, im Freien, mitten im Grasland: eine geniale Idee!

Aber wenn er die Eier mit vier Wänden umgab, könnte er sie nicht mehr sehen. Dann würde er verpassen, wie die Schalen die ersten Sprünge bekämen und seine Kinder geboren würden. Folglich bestand die Lösung darin, vier durchsichtige Wände zu kaufen: vier Glasscheiben. Und genau das tat er auch. Er ging zu einem Glaser, der Donatello hieß und sehr viel von seinem Handwerk zu verstehen schien. Er nannte ihm die Maße, die Adresse und bat ihn, sie ihm noch vor Anbruch der Dunkelheit zu liefern, denn sonst müssten seine Eier sterben. Der Glaser sah ihn befremdet an und hielt ihn für verrückt, machte sich aber trotzdem daran, den Auftrag auszuführen, denn Aufträge sind Aufträge.

In der Zwischenzeit hielt der Igel die Stellung und

brütete. Er hatte die Eier auf die Bank gehoben und sich mit dem Bauch daraufgelegt, und zwar dort, wo sein Fell am weichsten war. So verharrte er den ganzen Tag. Als ihn der Wolf bei seiner Rückkehr dermaßen reglos liegen sah, hatte er Angst, der Igel könnte ganz steife Glieder davon bekommen haben. Deshalb ließ er ihn sofort aufstehen und ein paar Gymnastikübungen machen.

Bevor es dunkel wurde, kamen die Glasscheiben.

»Sie sind wunderschön!«, rief der Igel begeistert.

Der Wolf ließ sich von ihm und vom Glaser helfen. Gemeinsam errichteten sie eine Art Würfel, der so stabil war, dass er nicht gleich beim ersten Luftzug einstürzte. Sie bauten ein perfektes Zimmer, das gleichzeitig durchsichtig wie Luft war.

Dann ging Donatello, der Glaser, und der Igel und der Wolf blieben allein mit den Eiern zurück. Sie lagen geschützt hinter dem Glas im Gras. Sie waren unversehrt, unbeweglich. Sie mussten erst noch gebären. Darin befanden sich werdende Welpenküken. In den Eiern. Die parallel zueinander dalagen.

Der Igel und der Wolf waren schwer gerührt. Sie sagten kein Wort, regten sich nicht. Sie saßen unbeweglich und mit offenem Mund da. Sie drückten ihre Nasen an der Glasscheibe platt. Sie klebten daran, als hätte sie jemand dagegengedrückt: Ihre acht Pfoten hinterließen Pfotenabdrücke, und ihr Atem beschlug das Glas.

So an den Scheiben klebend, verharrten sie stundenlang. Es war Abend geworden, ja, fast schon Nacht. Der Mond stand am Himmel, und eine weißliche Wolke zog vorüber, aber nur kurz. Es war eine sternenklare Nacht. Es war kalt, zum Glück hatte der Wolf Vorkehrungen getroffen und diese vier Wände hochgezogen: Denn wenn seine Kinder beschlossen hätten, nachts zur Welt zu kommen, wären sie sonst erfroren geboren worden.

Der Igel brach zusammen vor lauter Müdigkeit und rollte sich vor dem Glaswürfel ein. Doch der Wolf hielt durch. Er spürte seine Beine nicht mehr, seine Nase war verstopft, und die Augen brannten, so unverwandt starrte er auf seine Eier. Um nichts in der Welt hätte er sich schlafen gelegt! Wie perfekt so ein Ei doch ist!, dachte er. Ein rundes und doch längliches reinweißes, glattes Etwas, das eines seiner drei Kinder enthielt. Die ihm alle ähneln würden. Lauter kleine Wölfe befanden sich darin. Was für ein Wunder!

Vor diesem Glaswürfel erlebte er ein perfektes, gleißendes Glück. Er war so glücklich, dass er einen Gedanken notieren musste. Einen so schönen Gedanken, der ihn unnotiert für den Rest seines Lebens unglücklich gemacht hätte. Panisch schrie er: »Ein Blatt Papier, ein Blatt Papier!«

Der Igel stellte die Stacheln auf vor lauter Schreck, begriff aber, dass es sich um einen Notfall handelte. Wenn man dringend etwas aufschreiben muss, dachte er, bleibt einem wohl nichts anderes übrig, als es zu Papier zu bringen. Also half er dem Wolf, in seiner Mappe ein letztes leeres Blatt zu finden, auf dem er diesen Gedanken festhalten konnte, bevor er ihm entfiel und für immer verloren war.

Dann beobachtete er, wie der Wolf hochkonzentriert über das Blatt Papier in seinem Schoß gebeugt war und den Stift fest umklammerte. Er begriff, dass man allein sein muss, um schreiben zu können, und verabschiedete sich: »Morgen werde ich mich ein wenig verspäten, Herr Wolf, denn da findet das Finale des Bocciaturniers der Igelrentner statt ...«

Und der Wolf schrieb. Ihm fiel *der* Satz über den Sinn des Wartens ein. Es war nur ein einziger Satz, aber auf wundersame Weise die Essenz sämtlicher wundersamer Erfahrungen, die er gemacht hatte. Eine Gedankenessenz, die nur wirklich großen Schriftstellern in den Sinn kommt, und auch das nur ein einziges Mal im Leben:

Warten bedeutet, sich die Nase an einer Glasscheibe platt zu drücken.

Er las sich den Satz noch mal durch und dachte lange darüber nach. Er stand mitten auf dem weißen Blatt, makellos und ganz für sich. Es war ein perfekter Satz.

Der achtundzwanzigste Tag

Der Morgen brach an, und der Mond wich langsam der Sonne. Ein feiner Nebel stieg von den Wiesen auf – das war die Kälte der Nacht, die sich auflöste.

Der Wolf spürte seine steifen Glieder, und eine leichte Brise stellte sein Fell auf. Er schüttelte sich, reckte und streckte sich und war von einem Sprühnebel umgeben, der die Luft erfrischte.

Der achtundzwanzigste Tag war angebrochen. Der Wolf kratzte sich am Ohr.

In diesem Moment hörte man jenseits des Glases ein winziges Knacken. Es war kaum wahrnehmbar, wie der Bruchteil einer Bewegung, der Sprung eines Flohs im Universum, das Wehen eines Laushaars im Wind, ein Nichts … Ein Riss!

Ein Riss … zwei Risse … drei Risse …

Der Wolf riss die Augen auf. Das war doch nicht möglich! Er wollte nicht sehen, was er da sah. Er war nicht darauf vorbereitet.

Gut, er saß hier und wartete darauf, dass die Küken schlüpften. Aber er hatte nie erwartet, dass sie es wirklich tun würden. Nicht so plötzlich! Nicht in diesem Moment! Seine Ente war immer noch nicht da, Hilfe!

Die drei Eier bekamen an den Spitzen Risse. Sie bildeten eine blasse Zeichnung, die sich zu einem feinen Spinnennetz verdichtete.

Stopp, ich bitte euch, nicht jetzt! Wartet auf die Mama! Ihr dürft noch nicht zur Welt kommen, tut mir das nicht an! Den Wolf überkam eine unglaubliche Verzweiflung. Er klopfte gegen das Glas, lief davor auf und ab, sprang von einer Pfote auf die andere … Was für eine Tragödie!

Niemand konnte auch nur erahnen, was für eine Tragödie das war! Aber er schon. Er wusste Bescheid.

Denn er hatte in dem berühmten Aufsatz von Doktor Konrad Lorenz gelesen, dass frisch geschlüpfte Küken das, was sie zuerst sehen, als ihre Mama betrachten. Das konnte ein Löwe sein, eine Maus, eine Giraffe, ein ganz beliebiges Tier oder Ding, sogar eine Perle, ein Paket, ein Pantoffel … Seiner Frau zum Beispiel war genau das passiert. Sie hatte als Erstes einen Pantoffel erblickt und sich von da an eingebildet, die Tochter eines Pantoffels zu sein! Und wenn seine Kinder jetzt ihn als Erstes sahen, würden sie ihn mit ihrer Mutter verwechseln. Er, eine Mama! Wie würde sein Leben dann aussehen? Und das seiner Kinder, wenn sie einen Wolf als Mama hätten?

Er wollte in den Glaswürfel eindringen, die Scheiben umwerfen und seinen Eiern Einhalt gebieten. Er wollte die Zeit anhalten. Er spürte, wie er immer schwächer wurde, seine Beine zitterten, und das Blut drohte in seinen Adern zu erstarren.

»Hilfe, Herr Richmond …«, murmelte er gerade noch mit schwacher Stimme. Aber der Igel war nicht bei ihm, er musste ja zum Finale seines Bocciaturniers.

Dann wurde der Wolf ohnmächtig, lag lang ausgestreckt im Gras. Seine Ohren zeigten nach hinten, und die Blätter aus seiner Mappe waren überall verstreut.

Unterdessen, und zwar ausgerechnet, als die Ente merkte, dass sie die Orientierung verloren hatte und vor lauter Verlorensein in Ohnmacht fiel, kam heimlich jemand zu ihr. Er fächelte ihr Luft zu, damit sie ihr Bewusstsein wiedererlangte, und sagte mit aufgeweckter Stimme: »Siehst du?«

»Was?«, fragte die Ente, die noch nicht wieder ganz bei sich war.

»Siehst du, dass ich dich gerettet habe?«

Als sich die Ente wieder gefasst hatte, sah sie das Eichhörnchen vor sich!

»Danke! Aber wo bist du nur abgeblieben?«

»Hier!«

»Wo ›hier‹?«

»Hier, bei dir. Ich bin nicht von deiner Seite gewichen. Ich war stets dort, wo du warst.«

»Du bist mir gefolgt?«

»Die ganze Zeit über, denn das ist meine Aufgabe …«

»Du Lügner! Du warst nicht da, als ich nicht mehr wusste, wie ich nach Hause kommen soll!«

»Natürlich war ich da! Vielleicht war ich kurz abgelenkt, weil eine Nuss nicht aufgehen wollte …«, gab das Eichhörnchen widerwillig zu. »Und dann musste ich noch dringend etwas besorgen … Siehst du, das hier nämlich. Das ist für dich«, sagte es und überreichte der Ente einen schönen Kompass. »Wenn du erlaubst, werde ich dich führen, schließlich hast du dich verlaufen.«

Mit diesen Worten setzte es sich im Reitersitz auf die Ente, packte zwei ihrer Halsfedern wie Zügel und befahl der Ente mit dem Kommando *Hopp-hopp*, sich in die Lüfte zu erheben. Von oben betrachtet, sahen sie aus wie ein gefiedertes Ross mit Reiter: genau wie im Märchen.

Sie machten eine lange Reise, die für die Ente sehr anstrengend war. Schließlich mussten sie Meere und Gebirge überqueren, und da war es unmöglich, einen Fleck zu finden, an dem man kurz pausieren und den Flügeln Erholung gönnen konnte. Aber das machte nichts, denn sie wusste ja jetzt, wo sie hinmusste. Das Eichhörnchen behielt die Kompassnadel stets im Auge und dirigierte sie genau dorthin, wohin sie wollte. Dorthin, wo ihre Eier und ihr Wolf warteten.

Außerdem flog die Ente jetzt, anstatt nur herumzuflattern. Und es gefiel ihr gar nicht mal schlecht, einmal im Leben ein konkretes Ziel vor Augen zu haben, zu einer bestimmten Zeit an einem bestimmten Ort sein zu müssen.

Als sie ankamen, landete die Ente sanft beim Standort, und zwar mit genau vierundzwanzig Stunden Verspätung, zum genauen Zeitpunkt der Geburt. Sie landete, als ob nichts wäre. Sie wischte sich den Schweiß von der Stirn, streckte Beine und Flügel, putzte sich das Gefieder, das mit kleinen Insekten verklebt war, die beim Fliegen gegen sie geprallt waren, und setzte sich todmüde hin.

Das Eichhörnchen dagegen war lebhafter denn je. Es war kein bisschen müde, im Gegenteil. Es hatte es sehr genossen, auf einer Ente durch die Luft zu fliegen.

»Schau nur«, sagte es, »was für ein schönes durchsichtiges Häuschen!«

Und da sah die Ente ihre unversehrten Eier, dort hinter den Glasscheiben. Und daneben ihren ohnmächtig gewordenen Wolf.

»Auf Wiedersehen, Ente!«, sagte das Eichhörnchen.

»Auf Wiedersehen wo?«, fragte sie, aber es war schon zu spät: Das Eichhörnchen war bereits von Zweig zu Zweig gesprungen und ganz weit weg.

Die Ente brauchte ein wenig, bis sie sich dazu durchringen konnte, den Wolf zu wecken. Es gefiel ihr, ihn so ohnmächtig daliegen zu sehen. Ganz so, als betrachtete man heimlich das eigene Leben, ohne dass es vom Leben bemerkt wurde.

Schließlich weckte sie ihn mit einem Kuss auf die Schnauze, und beide waren überglücklich. Der Wolf sagte nicht, welche Sorgen er sich um sie gemacht hatte. Und sie fragte nicht, was ihm zugestoßen war. Schließlich hatte sie nur einen Tag Verspätung: Was sind schon vierundzwanzig Stunden angesichts der Zukunft, die auf uns wartet?

Er nahm ihre Hand und führte sie vor die Glasscheibe. Dort drückten sie sich beide die Nasen platt, klebten so stundenlang an der Scheibe und betrachteten überglücklich ihre Eier. Endlich warteten sie und schafften es beide, jene unglaubliche Sache zu tun, die uns so wahnsinnig schwerfällt, nämlich das Warten.

In der Zwischenzeit wurden die Risse in der Schale der Eier immer mehr, und bei jedem neuen Sprung hüpfte ihren zukünftigen Eltern das Herz im Leib. So lange, bis die Küken schlüpften. Die Welpenküken hackten die Schale auf, tauchten mit kahlen Köpfchen aus ihren Eiern auf und riefen im Chor: »Mama!« Wen sie damit genau meinten, ob die Ente, den Wolf oder beide zusammen, wurde nicht so recht klar.

NEUNTES KAPITEL,
oder das Buch des Wolfes beziehungsweise
die unwiderstehliche Macht der Worte

Tipptopp-Tipp

In der Zwischenzeit hatte sich der Igel, der um ein Haar das Finale des Bocciaturniers verpasst hatte, mit der Bank eingestellt, um den Abend mit seinem Freund, dem Wolf, zu verbringen. Aber er fand ihn nicht.

Nichts war mehr da, weder Eier noch Glaswände ... Alles war weg!

Sind etwa die Küken geschlüpft?, dachte er. Er starrte lange ins Leere und war ganz verzweifelt, dass er unter Umständen die Geburt der Kinder des Wolfes verpasst hatte. Siehst du, sagte er zu sich selbst, da wartet man dermaßen sehnsüchtig auf etwas, tut alles, damit es eintrifft, und wenn es dann eintrifft, ist man nicht da! Das ist wirklich nicht fair!

Vor lauter Wut trat er nach Steinen, hatte den Kopf gesenkt und sah finster vor sich hin. Bis er auf die Mappe stieß und die Blätter, die überall auf der Wiese verteilt waren.

»Aber das ist ja das Buch des Wolfes!«, rief er in die Stille des verlassenen Graslandes hinein.

Er begann, Freudensprünge zu machen. Er freute sich so sehr, dass er nicht einmal darüber nachdachte, warum das Buch des Wolfes überhaupt noch da war. Ein Detail, das man ihm zufolge locker übersehen konnte.

Seit der Igel nämlich entdeckt hatte, dass der Wolf heimlich ein Buch schrieb, war auch in ihm insgeheim ein Plan gereift. Nämlich der, dem Wolf die kostbare Mappe zu stehlen. Er brütete schon seit Längerem über der Idee, seinem Freund eine Riesenüberraschung zu bereiten. Er wollte das Buch, das dieser schrieb, heimlich veröffentlichen. Denn wirklichkeitsfern, wie der Wolf war, würde er das bestimmt vergessen.

Der Igel hatte längst begriffen, dass der Wolf aus reiner Freude am Schreiben schrieb. Und dass er überhaupt nicht daran interessiert war, das Buch in einer Buchhandlung stehen zu sehen. Aber er, der Igel, war sehr wohl daran interessiert. Als offizieller Freund des Wolfes hätte er sich sehr darüber gefreut, wenn der Wolf sein Buch veröffentlicht hätte. Dann wäre sein Leben als verrenteter Luftballonverkäufer in einem ganz neuen Licht erschienen. Im Grunde war es zuallererst eine Überraschung für ihn selbst. Außerdem spielt es keine große Rolle, wer aus einem guten Werk wirklich Nutzen zieht: Wichtig ist nur, dass man es tut.

Als er die überall verstreuten Blätter aus der Mappe vor seinen Füßen liegen sah, traute er seinen Füßen kaum. Er sammelte die Blätter schleunigst ein, klemmte sich die Mappe fest unter den Arm und eilte wie ein Wahnsinniger davon.

Er ging schnurstracks zu seinen alten Mäusefreunden, denen zufälligerweise die größte, renommierteste Druckerei der Stadt gehörte, die Tipptopp-Tipp beziehungsweise die Tipptopp-Druckerei der Tippelbrüder.

»Bitte«, sagte er, »könnt ihr ein Buch für mich veröffentlichen? Es muss morgen erscheinen, bitte, bitte, bitte!«

Obwohl das ein so gut wie unmögliches Ansinnen war, sagten die Tippelbrüder zu, da sie sehr gut mit dem Igel befreundet waren.

»Aber natürlich«, sagten sie im Chor. »Bis zum Morgengrauen wird dein Buch gedruckt sein, allerdings keine Minute früher!«

Der Igel umarmte einen nach dem anderen vor lauter Begeisterung.

Und obwohl Mäuse und Igel normalerweise keine Freunde sein können, da Igel Mäuse für eine Delikatesse halten und sie, ohne zu zögern, vertilgen, ist das nicht weiter verwunderlich: Denn unser Richmond war ja bekanntlich ein stumpfer Igel. Er hatte die Stacheln angelegt, deswegen wäre es ihm nie in den Sinn gekommen, diese armen Mäuse zu vertilgen, geschweige denn sie zu erschrecken, indem er vor ihren ungeschützten Schnäuzchen eine Wand aus Stacheln errichtete. Deshalb konnten diese Mäuse problemlos mit dem Igel befreundet sein.

Das Problem war ein ganz anderes: Das Buch des Wolfs war davongeflogen!

Weil der Igel so schnell aus dem Grasland davongeeilt war, waren sämtliche Blätter aus der Mappe im Wind davongeflattert!

Alle Blätter bis auf eines, das letzte, auf dem der Wolf die Gedankenessenz mit dem Nase-am-Glas-platt-Drücken festgehalten hatte.

Dem Igel war das gar nicht aufgefallen, und als die

Mäuse in der Mappe nur ein einziges Blatt vorfanden, zuckten sie nicht mit der Wimper. Wichtig war nur, dass der Wunsch ihres Freundes erfüllt wurde. Außerdem waren sie Profis und wussten, dass Bücher dick oder dünn sein können. Ob sie nun viele Seiten hatten oder wenige, war ihnen vollkommen egal.

Sie schalteten die Lampen an, setzten die Walzen und Pressen in Bewegung, arbeiteten die ganze Nacht durch und druckten Tausende von Exemplaren. Diese versahen sie mit einem hübschen blauen Umschlag, in den der Titel geprägt war: *Das Warten. Gedanken eines Wolfs, der brütet.*

Bei Tagesanbruch lag das Buch überall auf der Welt in den Schaufenstern der Buchhandlungen aus. Was für eine Macht der Vertrieb doch hat!

Um halb neun kaufte es als Erster ein lockenköpfiger Junge, der die siebte Klasse besuchte und überhaupt nicht gern zur Schule ging. Er langweilte sich immer unglaublich im Unterricht, also betrat er die Buchhandlung, fragte nach der letzten Neuerscheinung und kaufte sie. Als die Lehrerin dann der Klasse zum vierundachtzigsten Mal den Unterschied zwischen einem Substantiv und einem Adjektiv erklärte, schlug der gelockte Junge das Buch auf, las es auf einen Rutsch durch und klappte es wieder zu.

Es hatte ihm unglaublich gut gefallen!

Er unterbrach den Unterricht und sagte der Lehrerin, sie solle es ihrerseits lesen. Die ließ es sämtliche Schüler lesen und verließ die Klasse. Dann lieh sie es sämtlichen Kollegen, die es wiederum ihre Schüler lesen ließen. Diese sprachen auf dem Heimweg mit den Busfahrern über das Buch, mit Eisverkäufern, Bäckern, Müttern, Omas, Onkeln, Brüdern, Schwestern, Cousins, Nachbarn.

Innerhalb kürzester Zeit rannten alle los, um das Buch zu kaufen, lasen es und empfahlen es weiter ... Es sprach sich sozusagen herum, oder wie es in der Verlagswelt heißt: Die Mund-zu-Mund-Propaganda funktionierte.

Innerhalb kürzester Zeit war das Buch des Wolfs ausverkauft. Die Tippelbrüder druckten erneut Tausende von Exemplaren. Das Buch wurde ein Riesenerfolg. Alle kauften es. In Buchhandlungen auf der ganzen Welt sah man nur Leute, die nach diesem Buch Schlange standen, und der Wolf kam sofort auf die Bestsellerliste. Die Journalisten wollten ihn interviewen, die Fernsehsender wollten ihn einladen. Der brütende Wolf, der seine Erfahrungen aufgeschrieben hatte, wurde zu der literarischen Sensation des Jahres.

Nur schade, dass von diesem ach so berühmten Wolf jede Spur fehlte.

Die Erfindung der Taschenschaufenster

Warum das Buch des Wolfs so einen unglaublichen Erfolg hatte, lässt sich nur schwer erklären. Höchstens mit folgender soziologischen Hypothese: Inzwischen wusste niemand mehr, was Warten bedeutet.

Alles war rund um die Uhr verfügbar, man musste nur noch auf einen Knopf drücken, einen Computer einschalten, eine SMS schicken, ein Flugzeug nehmen, eine Website anklicken. Wenn ein Kind etwas für die Schule recherchieren musste, brauchte es keine Bücher mehr zu lesen. Es musste nur noch ins Internet gehen und die entsprechenden Daten herunterladen. Wenn es sich ein neues T-Shirt wünschte, musste es nicht mehr bis Weihnachten warten oder es sich durch monatelanges gutes Betragen verdienen. Es fand es gleich am nächsten Morgen im Kleiderschrank vor, weil die Mama losgeeilt war, um es zu kaufen. Die Eltern ertrugen die unerfüllten Wünsche ihrer Kinder nicht mehr, sie wollten sie sofort freudestrahlend vor sich sehen. Deshalb vergaßen sie, ihnen das Warten beizubringen.

Alles musste sofort passieren. Leben instant, wie Instantkaffee. Oder wie Kaffee aus einem von diesen Vollautomaten: Man drückt auf einen Knopf, und innerhalb einer halben Minute taucht eine Schar winziger Brasilianer auf, die auf den Plantagen wie wild Kaffeebohnen pflücken. Und da sind auch schon ihre Frauen, ebenfalls winzig klein, die sie singend und Samba tanzend in der Sonne rösten, winzige Kinder, die sie mahlen, und schließlich ein Riesentrupp Baristas, die sie in die Maschine pressen und jenen dampfenden Instantkaffee zubereiten, der nicht umsonst Instantkaffee heißt. Dreißig Sekunden maximal, und schon liegt einem die ganze Welt zu Füßen. Noch instantmäßiger geht es wohl kaum!

Wie dem auch sei, niemand wusste mehr, was Warten bedeutet. Deshalb war ein Buch mit dem Titel *Das Warten* mehr oder weniger ein Geschenk des Himmels. Es spielte keine Rolle, dass es nur eine einzige Seite hatte und dass auf dieser Seite nur ein einziger Satz stand. Das war fantastisch! Ja, es war eine Freude für die Leser, festzustellen, dass das Warten gar nicht so schwierig ist. Dass man sich nur die Nase an einer Glasscheibe platt drücken muss.

Aber das war noch nicht alles. Weil Worte eine Bedeutung haben, wiegen sie schwer. Sie können unser Denken beeinflussen und uns dazu bringen, Dinge zu tun, die wir uns nie hätten träumen lassen. Und so geschah etwas Außerordentliches: Auf der ganzen Welt begannen alle, sich die Nasen an Glasscheiben platt zu drücken, um jene Erfahrung des Wartens zu machen, die der Satz des Wolfes (besser gesagt, das Buch des Wolfes) so gut zum Ausdruck gebracht hatte.

Die Leute konnten es kaum fassen. Sie tanzten auf der Straße, riefen sich einfach so oder übers Telefon zu: Weißt du schon das Neueste?

Nein, was denn?

Das mit dem Warten!

Ach so, du also auch?

Wie wunderbar!

Fantastisch!

Was für eine unverhoffte Lösung!

Alle freuten sich wie verrückt. Auf einmal konnten sie warten. Man brauchte nur eine Nase dazu. Oder eine Schnauze, einen Schnabel. Etwas, das man an einer Glasscheibe platt drücken konnte. Und das taten sie auch und begannen wie durch ein Wunder zu warten. Die Zeit blieb stehen, und die Dinge, die ihnen vorher noch wichtig erschienen waren, lösten sich in nichts auf. Alles, was angeblich so entscheidend, zwingend, unausweichlich gewesen war, wurde zerquetscht wie eine Mücke an einer Scheibe.

Womit wir wieder bei der Glasscheibe wären. Mit der Zeit wurde klar, dass sie das einzige Problem darstellte: Man musste eine Glasscheibe finden. Auf der Welt gibt es viele Glasscheiben, aber bei einem solchen Massenphänomen reichten sie nicht aus.

Außerdem stürzten sich die Leute inzwischen auf jede Glasscheibe und blieben dort, wodurch jeder Verkehr zum Erliegen kam. Aus der Luft wirkten sie wie Statuen, die alle an Glasscheiben klebten. Platt gedrückte Nasen, Blicke, die sich jenseits der Glasscheiben in einem Nebel verloren, der sich aus Abermillionen von Nasenlöchern kondensiert hatte. Eine Katastrophe. Ganze Städte kamen zum Stillstand.

John und Jack taten nichts anderes, als völlig ungläubig und verblüfft darüber hinwegzufliegen. Sie flogen darüber hinweg und sahen überall Leute, die sich die Nase an einer Glasscheibe platt drückten.

»Siehst du, was ich sehe?«, fragte Jack.

»Ja«, erwiderte John dieses Mal, denn diese Frage ließ sich unmöglich mit Nein beantworten: Wie konnte er nicht sehen, was er sah?

Darüber vergaßen sie sogar, dass es Zeit zum Abendessen war. Vielleicht hatten auch sie gelernt zu warten und begriffen auf einmal, dass alles warten kann, sogar die Zeit zum Abendessen. Sie kam natürlich trotzdem, denn die Zeit zum Abendessen kommt immer, und zwar pünktlich, außer die Welt geht unter: Aber sie konnte warten. Sie kam und konnte warten.

Da die Situation ausartete, dachte der Glaser Donatello nach. Und da er wirklich genial war, hatte er einen Einfall, der genauso genial war wie er: Er erfand die Taschenschaufenster, winzig kleine Glasscheiben, die man in die Hosen- oder Handtasche stecken und nach Bedarf herausnehmen konnte, um seine Nase daran platt zu drücken.

Daraufhin machte das gesellschaftliche Leben große Fortschritte. Die Leute fuhren damit fort, zur Arbeit zu gehen, Auto zu fahren, zu essen, zu schlafen, einzukaufen, ins Kino zu gehen. Alles ging wieder seinen ganz normalen Gang. Nur dass die Leute, jetzt, da sie das Warten gelernt hatten, irgendwann und irgendwo ihre Taschenschaufenster hervorholten, ihre Nasen daran platt drückten und den Nebel genossen, der sich darauf bildete. So verharrten sie freudig wartend.

Dann blieb die Welt erneut stehen, aber durch die Erfindung der Taschenschaufenster etwas kürzer und weniger offensichtlich, sagen wir, etwas diskreter. Natürlich blieb sie trotzdem ein wenig stehen, das ließ sich nach dem soziokulturellen Einfluss, den der Satz des Wolfes hinterlassen hatte, leider nicht vermeiden. Aber das war, ehrlich gesagt, auch nicht weiter schlimm, im Gegenteil: Dass sich die Welt langsamer drehte, schien für einige durchaus von Vorteil zu sein.

ZEHNTES KAPITEL,
oder Ende beziehungsweise
die Moral von der Geschicht',
worin sich scheinbar herausstellt,
dass alles umsonst war,
aber das stimmt so nicht

Seifenblasen und Luftballons

Der Igel musste den Wolf unbedingt wiederfinden. Er durfte auf keinen Fall seinen einzigen Freund verlieren. Er wollte ihm auch ein Exemplar seines Buches bringen, das ohne sein Wissen solchen Erfolg hatte.

Und dann waren da noch die neugeborenen Kinder. Er konnte es kaum erwarten, sie kennenzulernen, auch wenn ihn das, ehrlich gesagt, etwas in Verlegenheit brachte: Er hatte die Eier lieb gewonnen, aber was auch immer daraus geschlüpft war, war ihm noch völlig fremd!

Er wollte den Kindern des Wolfs zwei Geschenke mitbringen. Zunächst einmal seine berühmten Luftballons, denn für ihn machte nichts mehr Laune als ein bunter Strauß Luftballons. Also tat Richmond zwei Tage lang nichts anderes, als Luftballons aufblasen.

Er brauchte viel Zeit, weil die Luftpumpe schon eine Weile nicht mehr benutzt worden war. Bei jedem zweiten Ballon versagte sie, und dann musste er ihn aufblasen. Aber weil er so alt war, kam er schnell aus der Puste: Er pustete zwei- bis dreimal hintereinander und musste sich anschließend ausruhen. Doch er gab nicht auf, und damit die Ballons besonders viel Laune machten, wählte er sie so aus, dass jeder eine andere Farbe hatte. Er versah sie mit Bändern, band sie zusammen und dann an eine seiner Pfoten.

Anschließend eilte er los, um das zweite Geschenk zu kaufen, das er den Wolfswelpen mitbringen wollte: eine riesige Flasche Seifenlösung für Seifenblasen. Er griff nach dem Buch des Wolfs und freute sich schon, ihn damit zu überraschen. Er schlug es in geblümtes Geschenkpapier ein, klemmte es sich unter den Arm und machte sich auf den Weg.

Da fiel ihm auf, dass er die Adresse nicht kannte. Für ihn wohnte der Wolf im Grasland und das war's. Er wusste nur etwas von einem gewissen Bau in den Dünen am Meer. Also blieb ihm nichts anderes übrig, als die ganze Küste abzusuchen.

Es dauerte ziemlich lange, bis er sein Ziel erreichte, denn er war alt, der Wolf lebte wer weiß wo, und der Weg ging bergauf. Mit kleinen Trippelschritten schleppte der Igel sich langsam den Pfad entlang, wobei er fast zur Hälfte im Sand versank. Aber irgendwann hatte er sein Ziel erreicht.

»Herr Richmond, was für eine Freude!«, rief der Wolf überglücklich, als er die Tür aufmachte und seinen Freund wiedersah. »Ich wäre früher oder später auch ins Grasland zurückgekehrt, um Sie zu suchen. Wie geht es Ihnen?«

»Danke, gut«, erwiderte der Igel, betrat das Wohnzimmer und stellte sich sofort der Ente vor, die er noch nie gesehen hatte. »Guten Tag, ich bin der Freund des Wolfs.«

»Und ich seine Frau«, erwiderte die Ente. »Freut mich, Sie kennenzulernen!«

Sie ließen ihn auf dem Sofa Platz nehmen und verschwanden ins Zimmer der Kinder, um zu sehen, ob diese schon wach waren. Währenddessen nahmen die riesigen Ballons des Igels die Hälfte des Wohnzimmers ein, wo sie oben an der Decke klebten.

Mit seiner Pfote hielt er die Bänder gut fest, obwohl das eigentlich gar nicht nötig war, weil sie hier im Haus nirgendwohin hätten fliegen können. Aber das ist eine ganz typische Angst von Luftballonverkäufern, dass die Ballons davonfliegen könnten. Richmond musste an seine Jugend zurückdenken, an damals, als das ganze Leben noch vor ihm lag.

Als ihm die ganze Welt zu Füßen zu liegen schien. Er verkaufte Luftballons an jeder Straßenecke, und er verkaufte sie alle. Er war berühmt und begehrt, die Leute wollten nur Luftballons der Firma Rich, sie waren ganz verrückt danach. Eines Tages schien die Sonne und er war glücklich, weil er ein Auge auf eine hübsche Igelin mit langen Wimpern geworfen hatte. Sie stand auf der anderen Straßenseite an der Bushaltestelle, und er beobachtete sie, während er so tat, als bliese er Luftballons auf. Er hatte das Gefühl, dass sie ihn ebenfalls beobachtete. Ihre Blicke fanden sich, das musste vorerst genügen, und wer weiß … Er passte nicht auf, und der Knoten löste sich. Der Knoten, der alle Ballons zusammenhielt und der am Boden mit einem Stein beschwert war. Weg waren sie! Mit einem Mal stiegen sie nach oben, so hoch, dass man sie kaum noch erkennen konnte. Er hatte sich nur kurz umgedreht, um die Igelin anzusehen, sich in ihren Augen zu verlieren, und schon waren seine Ballons verschwunden. Sie schwebten hoch am Himmel, wo sie einen bunten Fleck bildeten. Sie waren wunderschön anzusehen, aber leider für ihn verloren! Keiner kann den Schmerz eines Luftballonverkäufers nachfühlen, der seine Ballons davonfliegen sieht. Zig Ballons, Hunderte Ballons, ein jeder in einer anderen Farbe, die man geduldig aufgeblasen und dicht an dicht aneinandergebunden hat. Und die dann plötzlich oben am Himmel stehen wie Sterne, ohne dass man das Geringste dagegen tun kann. Gerade eben waren sie noch bei dir, und dann sind sie plötzlich unerreichbar. Richmond hatte sich geschworen, sich nie mehr so ablenken zu lassen, ja, alles zu tun, damit er nie wieder einen solchen Schmerz empfinden musste. Nie mehr wieder!, hatte sich der Igel damals gesagt, lieber will ich sterben.

Und so hielt er seine Ballons auch jetzt fest, im Wohnzimmer des Wolfes, obwohl das gar nicht nötig war, weil es eine angenehm niedrige Decke hatte, die ihren Flug sofort gestoppt hätte. Er saß auf dem Sofa, stocksteif wie ein Stockfisch.

Die Kinder waren wach, und der Wolf brachte sie zu ihm, damit er sie bewundern konnte.

»Wie sehr sie Ihnen ähneln!«, sagte der Igel gerührt. »Sie sind Ihnen wie aus dem Gesicht geschnitten.« Dann überreichte er dem Wolf die beiden Geschenke für die Kinder: den Strauß Ballons und die Seifenlösung für Seifenblasen.

»Seifenblasen?«, fragte der Wolf überrascht.

»Es gibt nichts Schöneres, als Seifenblasen zu machen. Wissen Sie, für mich sind Seifenblasen so etwas

Ähnliches wie kleine Luftballons. Aber mit dem Vorteil, dass sie sich sofort in nichts auflösen. Auf diese Weise können sie einem nicht zu sehr ans Herz wachsen … Wenn Ihren Kindern dann eines Tages ein Ballon abhandenkommt, leiden sie nicht so, weil sie bereits daran gewöhnt sind … Verstehen Sie, Herr Wolf?«

»Ich verstehe«, sagte der Wolf, dem die Parallele zwischen Seifenblasen und Luftballons, ehrlich gesagt, nicht wirklich deutlich geworden war.

»Außerdem …«, fuhr der Igel fort.

»Außerdem?«

»Außerdem dachte ich, dass Ihre Kinder noch zu klein sind, um Luftballons aufzublasen. Das würden sie niemals schaffen. Sie müssen warten. Und während sie warten, können sie Seifenblasen machen, Ballons für Anfänger sozusagen … Na, wie finden Sie das, Herr Wolf?«

»Ganz wunderbar, Herr Richmond. Aber irgendwann kommen Sie uns besuchen und zeigen den Kindern, wie man Luftballons aufbläst, oder?«

»Eines Tages, Herr Wolf, eines Tages bestimmt.«

Der Wolf sah, dass sein Freund mit den ohnehin schon grauen Stacheln noch grauer geworden war. Deshalb legte er ihm eine Pfote auf die Schulter und sagte: »Wir sind gute Brutsbrüder gewesen, Herr Richmond. Ohne Sie hätte ich wirklich weder ein noch aus gewusst. Bleiben Sie doch ein paar Tage bei uns … Wir würden uns freuen!«

»Danke, Herr Wolf, das ist wirklich außerordentlich liebenswürdig … Aber es ist nun mal so, dass Sie fertig gebrütet haben, und ich …«

»Herr Richmond, ich bitte Sie!«

»Dringen Sie nicht weiter in mich, lassen Sie mich gehen ... Ich bin nur gekommen, um Ihren Kindern zwei kleine Geschenke zu bringen, denn morgen wartet ein wichtiges Bocciaturnier. Dann findet nämlich das Turnier der ›Igelrentner‹ statt...«

Der Wolf wusste, dass das eine Lüge war: Das Turnier hatte ja erst vor Kurzem stattgefunden. Er begleitete den Igel nach draußen, zeigte ihm eine nagelneue Bank auf der Wiese mit Meerblick und sagte: »Herr Richmond, bei uns ist immer eine Bank für Sie frei, wann immer Sie wollen! Sie müssen nicht mal die Ihrige von zu Hause mitbringen...«

Der Igel nickte langsam, schleifte seine müden Stacheln mit und kehrte zum Dünenpfad zurück, der nun bergab ging.

Er hatte dem Wolf das Buch nicht gegeben. Er hatte es noch eingepackt unterm Arm und die ganze Zeit über gut verborgen gehalten. Wie gern hätte er dem Freund von dem weltweiten Erfolg erzählt! Und dass er es gewesen war, der es von den Tippelbrüdern hatte veröffentlichen lassen. Aber als er gesehen hatte, wie glücklich der Wolf und die Ente mit ihren neugeborenen Kindern waren, hatte er sich gesagt: Was soll ihn das Buch da groß interessieren? Vielleicht später einmal, wer weiß...

Ein fuchsroter Schwanz

Der Wolf und die Ente saßen im Wohnzimmer, schlürften einen rosa Aperitif mit einer grünen Kirsche darin und betrachteten selig ihre drei Kinder, die zu ihren Füßen auf dem himmelblauen Teppich spielten.

»Wie hast du sie dir vorgestellt?«, fragte der Wolf die Ente.

»Als Entenküken. Und du?«

»Ich als drei kleine Wölfe.«

Stattdessen waren zwei kleine Wölfe und ein Entenküken zur Welt gekommen.

Mit der Besonderheit, dass die Wölfe etwas Entenhaftes an sich hatten und die Ente etwas Wölfisches, so als hätte jemand im letzten Moment die Karten neu gemischt.

Der erstgeborene Sohn war grau, genau wie der Vater, hatte aber einen gelben Fleck an der Schwanzspitze. Und das war lustig, weil er ihn immer verfolgte wie einen Ball. Aber er erwischte ihn nicht, denn wie fängt man seinen eigenen Schwanz?

»Aus dem wird noch mal ein fröhlicher, verspielter Wolf«, sagte die Entenmama zärtlich.

Der zweite Wolf war noch grauer, aber ihm fiel ein gelbes Federbüschel in die Stirn, das sich nicht bändigen ließ.

»Das wird ein kleiner Revoluzzer, was meinst du, Wolf?«

Und dann war da noch das kleine Entenküken. Es

war ganz gelb, wie es sich für eine Ente gehört, hatte aber einen grau gefiederten Schwanz – den schönen dichten Schwanz eines Grauwolfs – und die grünen Augen des Vaters.

»Wenn sie einmal groß ist, wird sie bestimmt unglaublich elegant aussehen«, sagte Vater Wolf stolz. »Vielleicht wird sie mal Model.«

»Wir haben wirklich sehr besondere Kinder!«, meinte die Ente abschließend.

»Stimmt.«

Daraufhin bewunderten sie weiter ihren Nachwuchs und schlürften selig ihren Aperitif.

Eines Tages kam das Schnabeltierpaar zu Besuch. Die Ente wusste natürlich nicht, wer das war, und der Wolf sagte ihr nur, dass es sich um alte Freunde aus Studienzeiten handele: Er hielt es für besser, die Sache nicht zu sehr zu vertiefen, um sie wegen der verschwundenen Eier, der Australienreise und dem ganzen Drumherum nicht noch im Nachhinein zu beunruhigen.

Die beiden waren über und über mit Geschenken bepackt, die Schnabbel unbedingt für die Kleinen hatte kaufen wollen und wonach sie die ganze Welt abgegrast hatte.

Herr Thier ließ sich vom Wolf einen Whisky reichen und sprach mit ihm über Wirtschaftsthemen. Das heißt, er sprach über Wirtschaftsthemen, darüber, wie es seiner Firma für Töpfe und artverwandte Produkte ging. Der Wolf dagegen verlor sich, ohne es sich zu sehr anmerken zu lassen, in seinen philosophischen Gedanken über den Sinn des Lebens.

Schnabbel wiederum spielte während ihres gesamten Besuches mit den drei Kindern. Überglücklich lag auch sie auf dem Teppich und machte Sprünge und Purzelbäume. Sie brachte ihnen jede Menge Taschenspielertricks bei und zeigte ihnen, wie man jongliert.

Mit schwerem Herzen brachen sie wieder auf. Schnabbel hatte Tränen in den Augen, aber Abel beruhigte den Wolf und die Ente: »Macht euch keine Sorgen, ich habe ihr versprochen, mit dem Flugdrachen über den Ozean zu fliegen. Das wird sie ablenken...«

Und so blieben der Wolf und die Ente mit ihren Kindern in ihrem Häuschen in den Dünen am Meer zurück. Sie wohnten mittlerweile als Einzige dort, denn ihre frühere Nachbarin, eine gewisse Lady Fox, war urplötzlich umgezogen, und das, ohne sich zu verabschieden.

»Weißt du irgendwas?«, hatte die Ente gefragt, aber der Wolf hatte nur gesagt: »Ich habe nicht die geringste Ahnung.«

Manchmal bekam die Ente merkwürdige Anrufe, die zufällig der Wolf entgegennahm: »Ein Chefredakteur will dich sprechen, ein gewisser Strauss...«, sagte er und reichte ihr den Hörer.

»Ach, vergiss es, leg ruhig auf, der muss sich verwählt haben.«

»Er sucht nach einer gewissen Pseudo Ende, die als Journalistin arbeitet. Kennst du die?«

»Ich? Nein, nie gehört.«

Manchmal fuhren sie alle fünf mit dem Boot hinaus, was den Kindern sehr gefiel. Sie schienen das Meer zu kennen, vertrugen sowohl die hohen Wellen als auch den starken Wind. Außerdem beherrschten sie die kompliziertesten Segelknoten.

»Komisch, dass sie in ihrem zarten Alter nicht seekrank werden«, sagte die Ente. »Und dass sie die Segelknoten so gut kennen.«

»Stimmt, sie sind richtige Seeleute«, erwiderte der Vater. Insgeheim war er hochzufrieden mit den Seefahrerlektionen, die er seinen Kindern erteilt hatte, als sie noch Eier gewesen waren.

Manchmal brachte die Ente die Kinder nach oben in die Bäume, zwischen die Zweige, und brachte ihnen bei, darauf zu sitzen.

»Warum?«, fragte der Wolf.

»Weil es viele Leute gibt, die auf Zweigen leben, wusstest du das nicht?«, entgegnete sie.

»Ich sehe nur Vögel auf den Zweigen, aber weder Enten noch Wölfe.«

Keiner von beiden erzählte dem anderen, was er während des Brütens gemacht hatte.

Der Wolf erzählte nicht, welche Probleme ihm die verrückte Idee, zu brüten, eingebracht hatte. Weder dass er riskiert hatte, die Eier zu verlieren, noch, dass er kein bisschen gelernt hatte, weniger wirklichkeitsfern zu sein, da er während des Brütens einfach weitergedacht und weitergeschrieben hatte, wie vor dem Brüten. In dieser Hinsicht war das Ganze völlig sinnlos gewesen, und er war keinen Schritt weitergekommen.

Die Ente dagegen erzählte nie, dass sie sogar Journalistin gewesen war, um erwachsener zu werden, aber darin kein bisschen erfolgreich gewesen war. Sie hatte keinerlei Beruf erlernt, sondern war weiterhin einfach nur herumgeflattert. Sie hatte es nicht geschafft, der Zeitung auch nur ein einziges Interview zukommen zu lassen, und war verwirrt, weil die Mächtigen ihrer Meinung nach gar nicht mächtig waren. Deshalb hatte sie rein gar nichts von der Welt begriffen und war auch keinen Schritt weitergekommen.

Sie erzählten sich nichts dergleichen, denn im Grunde gab es nicht das Geringste zu erzählen. Die Kinder waren zur Welt gekommen, und sonst hatte sich rein gar nichts verändert. Alles war noch genauso wie vorher. Das Meer zum Beispiel lag immer noch vor der Tür und machte eine Welle nach der anderen. Manchmal große, furchterregende und manchmal so kleine, dass man sie kaum als Wellen bezeichnen konnte und die Ente zum Wolf sagte: »Heute hat sich das Meer in einen See verwandelt.«

In der großen weiten Welt um sie herum hatte sich allerdings so einiges verändert. Eine Art kosmische Umwälzung hatte stattgefunden: Die Leute drückten sich die Nasen an Glasscheiben platt, um nur ein Beispiel zu nennen. Und es gab keine Zeitungen mehr. Sie wurden nicht mehr gelesen, um ein weiteres Beispiel zu nennen.

Aber was wussten die beiden schon davon? Woher sollen wir wissen, ob die Welt sich ändert, wenn wir etwas tun oder lassen? Uns selbst kommt es vor, als wäre es völlig unerheblich, ob wir etwas tun oder lassen, gehen oder bleiben. Aber vielleicht stimmt das gar nicht.

Der Wolf hatte sein früheres Leben zwischen Boot, Schule, Bar und Bibliothek wieder aufgenommen. Er korrigierte Schularbeiten, beschäftigte sich mit Schopenhauer, fischte Thonine. Und hin und wieder brachte er seine Gedanken über das Leben zu Papier, füllte Blätter und Mappen. Abends saß er im Sessel und las sein Lieblingsbuch, *Candide* von Voltaire. Manchmal las er seinen Kindern etwas vor, die ihm, auf dem Teppich liegend, zuhörten, und zwar so gebannt, als könnten sie sehen, wie die Worte aus seinem Mund strömten und sich im Zimmer verteilten.

Die Ente flatterte ihre Runden, machte mit der Familie Bootsausflüge, sonnte sich und goss die Ranunkeln. Aber vor allem machte sie lange Strandspaziergänge, um schöne durchsichtige grüne Steinchen zu sammeln. Eigentlich waren es Flaschenscherben, die sie aber hartnäckig Perlen nannte. Manchmal nahm sie die Kinder zum Perlensammeln mit und manchmal nicht.

Eines Tages war sie allein aufgebrochen und wollte gerade mit vollen Taschen nach Hause zurückkehren – wobei sie gut aufpasste, auch ja kein Steinchen zu verlieren –, da glaubte sie, zwischen den Zweigen ein kleines Tier mit einem feuerroten Schwanz zu entdecken.

Sie rief nicht nach ihm und sie lief ihm auch nicht nach. Sie beließ es dabei, zuzusehen, wie es von Baum zu Baum sprang und manchmal innehielt, um an der ein oder anderen Nuss zu knabbern. Bestimmt war es das Eichhörnchen, das in ihre Nähe gezogen war, um in ihrer Nähe zu sein. Vielleicht war es wirklich ihr Schutzengel, dachte sie und fühlte sich glücklich.

Sie erzählte niemandem, dass sie es gesehen hatte. Sie behielt dieses Geheimnis lieber für sich. Und jeden Morgen sah sie nach dem Öffnen der Fensterläden nach, ob sie es zwischen den Zweigen entdecken konnte. Das geschah so gut wie nie, denn wer weiß, wo es seinen Bau hatte. Außerdem war es immer so schnell!

Aber an jenem Tag, als sie es rein zufällig entdeckte, wenn auch nur ein Stück feuerroten Schwanz, dachte sie insgeheim: Siehst du, heute wird ein Glückstag.

INTERVIEW
MIT DER AUTORIN

*»Eine Ente als Journalistin und ein Wolf,
der Philosophie lehrt – so erzähle ich von
unserer Gesellschaft.«*

*Paola Mastrocola – Schriftstellerin, Lehrerin für Literatur an
einem Turiner Gymnasium, Preisträgerin des Premio
Campiello 2004 und Autorin des soeben erschienenen Buchs*
Ich wär so gern ein Pinguin.

Simone Carletti in LIBERAZIONE, 3.1.2009

Was würde mit unserer Welt passieren, wenn Wölfe
begännen, Eier auszubrüten, und Enten loszögen, um
Journalisten zu werden? Wenn Igel Parkbänke mit
sich herumschleppten und Eichhörnchen Schutzengel wären? Von dieser simplen erzählerischen Fra-
gestellung ist die Turiner Lehrerin und Schriftstellerin Paola Mastrocola ausgegangen, als sie sich – nach
dem großen Erfolg von *Ich dachte, ich wär ein Panther* –
an das Verfassen ihrer jüngsten Fabel gemacht hat. Der
neue Roman trägt den Titel *Ich wär so gern ein Pinguin*
und ist eine hellsichtige und manchmal ernüchternde
Reflexion über die Zeit und die Bedeutung unseres Handelns mit den Konsequenzen, die dieses auf
unsere Umwelt haben kann.

Der Wolf und die Ente, der Igel Richmond, Journalisten-Katzen, Direktoren-Strauße, Manager-Truthähne, Blutekel, Klugschleiereulen, Füchse und Schnabeltiere – das »Bestiarium« der Paola Mastrocola ist unerschöpflich und vielfältig und dabei nichts anderes als ein Spiegel unserer Gesellschaft, in der die Listigen, Bösen und Überheblichen keinerlei Respekt empfinden gegenüber dem Lebensmut der Unbedarften und Aufrichtigen.

Die Geschichten der Turiner Schriftstellerin sind lehrreich, was sicherlich von ihrem Lehrerberuf herrührt. Paola Mastrocolas schulische und literarische Karrieren gehen seit beinah zehn Jahren Hand in Hand, nachdem sich die Autorin mit ihrem Debütroman *Das fliegende Huhn* – unter anderem Gewinner des Premio Italo Calvino 1999 für das unveröffentlichte Werk und des Premio Selezione Campiello 2000 – sofort einen Namen gemacht hat. Es folgten *Palline di pane* (Finalist beim Premio Strega 2001), *Una barca nel bosco* (Premio Campiello 2004 sowie Premio Alassio Centolibri 2004), das erzählerische Pamphlet *La scuola raccontata al mio cane* (2004) und die Fabel *Ich dachte, ich wär ein Panther* (2005), an die *Ich wär so gern ein Pinguin* inhaltlich anschließt. Es gibt ein Wiedersehen mit dem Wolf und der Ente, die, nachdem sie geheiratet haben, in freudiger Erwartung sind. Allerdings schlüpfen beide aus ihrem naturgegebenen Wesen – wie so oft in absurden Komödien, wo die Rollen getauscht werden und die Dinge nie das sind, was sie auf den ersten Blick scheinen –, er, um ein brütender Wolf, und sie, um eine Reporter-Ente zu werden, und sie durchstreifen die Welt auf der Suche nach der Verwirklichung ihrer Träume und ihrer Freiheit, um am Ende festzustellen, dass ein jeder von uns die Antworten direkt vor der eigenen Nase findet und dass jede unserer Taten – so unbedeutend sie auch scheinen mag – Veränderungen und Revolutionen nach sich zieht.

Frau Mastrocola, Sie haben Ihr Buch in unserer hektischen Welt all jenen gewidmet, »die genügend Geduld haben, darauf zu warten, bis etwas geboren wird«. Warum?
Weil der, der wartet, in der Zwischenzeit seine Fantasie gebraucht. Es ist unsere größte Gabe, uns ein zukünftiges Ereignis oder sogar die Zukunft an sich vorstellen zu können, noch bevor wir das Ganze sehen oder erleben. Es ist eine Tugend, die wir allmählich verlieren, weil wir zu sehr in der Gegenwart leben. Oder besser gesagt: Wir erleben Tatsachen und Ereignisse, ohne mehr die Zeit zu haben, sie uns im Vorhinein ausmalen zu können. Brüten ist dem Sich-etwas-vorstellen-Können sehr ähnlich. Zwar erzähle ich von Tieren in meinen Büchern, aber im Grunde spreche ich doch von uns: Bei dieser Geschichte habe ich daran gedacht, wie wir neun Monate auf ein Kind warten und es uns während dieser Zeit schon vorstellen.

Ich wär so gern ein Pinguin ist der Nachfolgeroman
Ihres Erfolgstitels Ich dachte, ich wär ein Panther.
Worin unterscheiden sich die beiden?
In erster Linie ist mein neues Buch ja keine klassische
Fortsetzung. Man kann es problemlos lesen, ohne das
vorangegangene Buch zu kennen. Nachdem darin am
Ende der Wolf und die Ente geheiratet haben, habe
ich mir einfach vorgestellt, dass sie nun Nachwuchs
bekommen könnten. Das Thema, dem ich mich in
meinem neuen Roman widme, ist daher ein anderes: Im letzten Buch war es die Suche nach sich selbst,
hier ist es das Warten und das Sich-selbst-lieben-
Lernen.

Die beiden Protagonisten Ihrer Geschichte treffen eine
Wahl: Der Wolf brütet die Eier aus, während die Ente in
die weite Welt hinauszieht. Das sind Entscheidungen, die
beide an einen Punkt des Abschieds führen, der auch für
den Rest der Welt nicht ohne schmerzliche Folgen bleibt …
Sowohl der Wolf als auch die Ente brechen aus ihren
typischen Rollenmustern aus, weil sie beide sehr
freiheitsliebende Persönlichkeiten sind. Sie möchten
frei sein in dem, was sie sind, und in dem, was sie in
einem bestimmten Augenblick sein wollen. Sie weh-
ren sich gegen jegliche Etikette. Deshalb hat beispielsweise die Ente, eine zukünftige Mutter in froher
Erwartung, kein Problem damit, davonzuflattern und
einen neuen Beruf, nämlich den der Journalistin, aus-
zuprobieren. Der Wolf dagegen ist ein Philosoph und
Schriftsteller, der nicht zögert, sich achtundzwanzig

Tage lang dem Brüten zu verschreiben. Sie sind zwei
Wesen, die frei sind, sich neu zu definieren, sooft sie
wollen. Ihre Entscheidungen haben jedoch auch für
den Rest der Welt Folgen, denn jeder unserer Ent-
schlüsse, auch der allerkleinste, beeinflusst das Leben
der anderen. Im Roman haben die Entscheidungen
der beiden Protagonisten vor allem zwei Konsequenzen: Sie führen zu einer Welt ohne Zeitungen und
dazu, dass die Menschen lernen zu warten, indem sie
sich einfach vor Glasscheiben stellen und beobachten,
was geschieht. Zwar sind sich der Wolf und die Ente
kein bisschen bewusst, wie sehr sie die Welt verändert
haben, und glauben stattdessen, nichts Weltbewegen-
des getan zu haben, doch das ist niemals der Fall.
Auch die kleinste Tat, zu der wir uns entschließen,
revolutioniert die Welt, im Guten wie im Schlechten.

*Die Erziehung seiner Kinder ist für den brütenden Wolf
äußerst wichtig. Liegt dieses Thema Ihnen als Lehrerin
besonders am Herzen?*
Erziehung ist ein Thema, das mir natürlich naheliegt.
Wobei ich allgemeiner von Bildung sprechen würde,
davon, dass sich ein junger Mensch dem Leben
zuwendet und dabei geformt wird von den Erwachsenen in seiner Umgebung und von den Dingen, die
ihm widerfahren. Die Lektüre von pädagogisch moti-
vierten Romanen ist für mich schon immer eine
besonders spannende gewesen. Ich beschäftige mich
gern mit Figuren, die wachsen und die noch nicht
wissen, was sie im Leben einmal sein oder tun wollen,

und die sich dann allmählich zu dem entwickeln, was sie entschieden haben zu sein. In meinem Roman konzentriert sich der Wolf als zukünftiger Vater dermaßen auf die Erziehung seiner Kinder, dass er schon mit den Eiern beginnt.

Ich wär so gern ein Pinguin beinhaltet außerdem eine harsche Kritik an der Medienwelt, vor allem am Fernsehen und an den Printmedien. Ist diese Welt wirklich so furchtbar, wie Sie sie beschreiben?
Ziemlich furchtbar. Wenn man drei Viertel der Nachrichten, die das Fernsehen und die Zeitungen bringen, einfach verschweigen würde, würde sich nichts ändern. Wir müssen nicht immer bis ins letzte Detail wissen, was gerade in der Welt passiert. Das ist zumindest meine Meinung. Warum dieser zwanghafte Drang, über alles informiert zu sein? Über den Lkw, der in einer Kurve umgekippt ist, oder über das Kind, das sich beim Skifahren verletzt hat. Dabei handelt es sich lediglich um bloße Zufälle.

Man nennt Sie eine »moderne Fabel-Schreiberin«. Passt das zu Ihnen? Was fasziniert Sie so an diesem literarischen Genre?
Die Fabel ist eine der vielen Formen, in denen ich mich beim Schreiben gern bewege. Sie interessiert mich, weil sie eine sehr direkte und »verkürzte« Form der Kommunikation ist, eine Art erzählerische Abkürzung, die Gedanken oder Bilder heraufbeschwört und sichtbar macht. Daneben setzt sie eine Einfachheit des

Stils voraus, die mir besonders zusagt. Beim Schreiben einer Fabel muss man sich stilistisch einschränken und auf viele literarische Mittel verzichten.

Sie unterrichten an einem Gymnasium in Turin. Wenden Sie sich beim Schreiben an eine bestimmte Leserschaft, beispielsweise an Ihre Schüler, oder möchten Sie, dass Ihre Bücher von einem breiteren Publikum gelesen werden?
Unbedingt von einem möglichst großen Publikum, ohne Altersgrenzen. Ich höre zum Beispiel gern, dass meine Bücher auch von Kindern unter zehn Jahren gelesen werden.

Paola Mastrocola

Ich dachte, ich wär ein Panther

Die Geschichte einer Ente auf der Suche nach sich selbst. Aus dem Italienischen von Christiane Burkhardt. 208 Seiten. Piper Taschenbuch

Wenn man in einem Plüschpantoffel geboren wurde statt in einem Nest – woher soll man als kleine Ente wissen, dass man eine Ente ist? Paola Mastrocolas gefiederte Heldin muss selbst herausfinden, wer sie wirklich ist: Ein Panther? Oder ein Biber? Diese philosophische Geschichte der preisgekrönten italienischen Bestsellerautorin Paola Mastrocola hat die Herzen der Leser im Sturm erobert: ein berührender Einfall über die schwierige Entdeckung der eigenen Identität.

»Ein zauberhaftes Buch, philosophisch und handfest zugleich. Wunderbar!«
Generalanzeiger

Toni Jordan

Tausend kleine Schritte

Roman. Aus dem australischen Englisch von Brigitte Jakobeit. 272 Seiten. Piper Taschenbuch

Grace Lisa Vandenburg zählt alles, was sie umgibt, jede Kleinigkeit: die Schritte bis zu ihrem Lieblingscafé (920), die Streusel auf ihrem Orangenkuchen (12–92) und die Buchstaben ihres Namens (19). Erst Seamus O'Reilly und sein unwiderstehlicher Wunsch, hinter das Geheimnis ihres Lebens zu kommen, lässt sie die Kontrolle verlieren.

»Ein hinreißendes Plädoyer für alle kleinen und selbst die größeren menschlichen Macken.«
Brigitte

»Eine kuriose und witzige Liebesgeschichte – von Herzen empfehlenswert.«
Westdeutscher Rundfunk, Christine Westermann

PIPER

Alissa Walser

Dies ist nicht meine ganze Geschichte

*Roman. 112 Seiten.
Piper Taschenbuch*

Eine junge Frau steht in allen Geschichten im Mittelpunkt. Sie trifft sich heimlich mit ihrem Geliebten im Hotel. Sie arbeitet als Fotomodell. Sie kauft sich einen Liebhaber. Sie lernt am Flughafen den schönsten Mann ihres Lebens kennen und erzählt ihm ihre Phantasien. Sie verschwindet mit ihrem Geliebten von dessen Hochzeitsfeier. Alissa Walser erzählt von ebenso heftigen wie flüchtigen Liebesbegegnungen, denen die Melancholie der Vergeblichkeit anhaftet.

»Alissa Walser kann erzählen.«
Die Zeit

Dai Sijie

Wie ein Wanderer in einer mondlosen Nacht

*Roman. Aus dem Französischen von Giò Waeckerlin-Induni.
320 Seiten. Piper Taschenbuch*

Schicksalhaft kreuzen sich in Peking die Wege einer französischen Studentin und eines chinesischen Gemüsehändlers. Beide sind auf der Suche nach der verlorenen Hälfte einer uralten, seidenen Schriftrolle. Denn diese birgt nichts Geringeres als die geheimnisumwobenen Anfänge des Buddhismus. Fasziniert vom Zauber der Schrift und ihrer Macht begeben sie sich auf eine entbehrungsreiche Reise.

»Poetisch, geheimnisvoll, anrührend und – versöhnlich.«
Westfälische Rundschau

»Ein Panorama chinesischer Geschichte, in der Grausamkeit und Gewalt untrennbar verbunden scheinen mit der Schönheit der Kunst und der so alten und erhabenen Kultur.«
Stuttgarter Zeitung

05/2614/01/L   05/2580/01/R